글로벌 기업의 한국 시장 투자 성공기

# 포커스 on 코리아

글로벌 기업의 한국 시장 투자 성공기

# 포커스 on 코리아

신승훈, 이진영

메디치

# 발간사

지난 2020년은 모든 것이 불확실하고 불안정한 시간의 연속이었다. 미·중 무역전쟁에 이은 코로나19는 전 세계를 혼돈의 소용돌이 속으로 밀어넣었다. 마치 세상의 종말이라도 온 것 같은 불안과 소요 속에서 한국의 안정적인 위기관리와 뛰어난 방역정책은 전 세계에 깊은 인상을 남겼다.

탄탄한 공공방역과 위기관리에 힘입어 코로나19 상황에서도 한국은 지속해서 경제성장을 했다. 한국에 투자하는 글로벌 기업의 활발한 경영과 성공적인 확충 추세만 봐도 알 수 있다. 그 누구보다 시장의 동향에 민감한 글로벌 기업의 한국 투자 확대는 한국의 경제 전망이 유망하다는 방증이기도 하다.

코로나19 이후 글로벌 산업구조는 급속도로 재편되고 있다. 위기와 기회는 동전의 양면이라는 말처럼 한국은 초격차의 주체가 될지 아니면 대상이 될지 기로에 서 있다. 세계 10대 경제 강국으로 발전하기 위해 무엇보다 글로벌 기업과 전략적으로 협력해야 한다. 그동안 글로벌 기업은 꾸준히 증가했다. 1997년 3,000개였던 글로벌 기업은 2019년 1만 4,912개로 5배 이상 늘었다. 우리나라 기업 수로 볼 때 전체의 2.1%에 불과하지만, 글로벌 기업이 수출에서 차지하는 비중은 19.4%, 고용은 5.5%에 달한다. 이제 글로벌 기업은 한국 경제를 지탱하는 또 하나의 든든한 축이다.

외환위기의 끝을 달리던 1998년, 한국은 위기를 극복하고 재도약을 하기 위해 외국인 투자 촉진법을 만들었다. 그때까지 다소 폐쇄적이던 외국인 투자정책에서 벗어나 개방성과 유연성의 가치를 담아 새로 법을 제정했다. 당장은 외환위기를 극복하기 위해 법을 제정했지만, 이후 글로벌 금융 위기 때는 외국인 직접투자의 확대로 확충된 외환보유 덕분에 어려움을 극복할 수 있었다.

외국인 직접투자는 위기 극복뿐 아니라 기술의 발전에도 큰 도움을 줬다. 외환위기 이후 수출 위주의 경제 구조인 한국은 신기술과 혁신적인 경영, 디지털 인프라 확충 등 수출 원동력이 절실히 필요할 때였다. 외국인의 직접투자가 늘어남에 따라 다양한 교류로 한국은 글로벌 시장의 기준에 도달할 수 있었다. 그뿐만 아니다. 몇몇 산업 분야에서는 글로벌 리더의 지위에 올라섰다. 패스트 팔로어(Fast Follower)에서 퍼스트 무버(First Mover)로 전환에 성공했다. 외국인 투자의 확대가 우물 안 개구리에서 글로벌 무대의 주역이 되는 디딤돌 역할을 한 것이다.

한국 경제는 질적 고도화에 성공하면서 글로벌 체인에서 하청 국가라는 오명을 벗을 수 있었다. 이 또한 외국인의 직접투자가 큰 몫을

했다. 고용과 내수 시장의 확대 등 다양한 경제 효과를 낳는 서비스 산업의 외국인 투자 금액이 2019년 기준 159억 달러였다. 서비스 산업의 무려 75%를 차지할 만큼 국내 서비스 산업의 선진화와 시장 확대에 이바지했다. 외국인 투자는 연구·개발(R&D) 투자와 아시아권 글로벌 본부 설치 등 다양한 방식으로 발전하고 있으며, 한국은 세계 경제의 중심에 한 발짝 더 다가섰다.

"글로벌 기업이 한국 시장에서 매력적으로 느끼는 공통분모는 '한국 소비자들은 매우 스마트하다'는 점이다. 한국 소비자들은 제품의 기술력과 마케팅 변화에 매우 민감하며 즉각 반응한다. 오히려 글로벌 시장의 흐름보다 한발 앞서간다는 평가를 받는다."

이 책에 실린 어느 글로벌 기업 최고경영자(CEO)의 한국 투자에 대한 소감이다. 한국은 수많은 외국기업의 매력적인 투자처로 떠올랐다.

한국의 전문 인력과 글로벌 선진 기술이 결합하여 시너지 효과를 발휘하기에 모자람이 없다. 코로나19의 혼란이 전 세계를 휩쓸고 있어도 한국 경제와 사회는 상대적으로 안정성을 유지했다. 게다가 기술력과 인적자원의 우수성이 검증되었기 때문에 투자의 매력도도 갈수록 커지고 있다.

전 세계를 아우르는 자유무역협정(FTA) 네트워크와 투자 가치를 더욱 키우는 다양한 인적, 물적 인프라는 외국인의 직접투자와 결합해 상생과 공존의 생태계를 조성했다. 기술 이전과 고용 창출, 지역사회 공헌 등 한국에 직접투자한 외국기업은 이미 한국의 든든한 파트너로 자리 잡았다.

KOTRA Invest Korea는 외국기업이 한국에 정착하고, 한국 경제 발전에 기여해 상생할 수 있도록 지원한다. 더 많은 글로벌 기업이 한국에서 성장의 기회를 찾고 성공할 수 있도록 돕는 것이 코트라의 역할이다. 이를 위해 외국인 투자 분야에서 풍부한 지식과 경험을 보유한 직원과 전문가 그룹, 정부 관련 부처와 민간 전문가들이 41개의 코트라 해외투자 거점 무역관과 긴밀한 협조 체계를 갖추고 있다. 앞으로도 코트라는 외국기업의 성공적인 국내 진출을 지원하기 위해서 최상의 서비스를 제공하도록 노력할 것이다.

이 책은 우리와 동고동락한 글로벌 기업의 생생한 한국 진출 경험담을 담고 있다. 한국과 동반 성장을 이룬 글로벌 기업의 성공담 중 국가별, 산업별로 16개 기업을 엄선했다. 글로벌 기업 경영진을 직접 찾아가 인터뷰한 내용을 읽다보면 한국의 변화된 경제적 지위를 엿볼 수 있다. 투자의 불모지였던 한국이 동북아의 매력적인 투자 허브로 거듭나기까지 긴 여정을 함께해온 여러 글로벌 투자기업의 성장기를 전달하고자 했다.

　이번 사례집 발간에 협조해주신 글로벌 기업 임직원 여러분, 출판사 관계자 분들과 집필진들의 노력에 감사드린다. 모쪼록 이 책이 한국에서 활동하는 글로벌 기업에는 격려가 되고, 한국 투자를 고심하는 해외 잠재투자자들에게는 투자 촉진제가 되기를 희망한다. 또한, 우리 국민에게는 새로운 시각으로 글로벌 기업 투자의 효용과 순기능을 보게 하는 창이 되기를 바란다.

2021년 2월
KOTRA Invest Korea 대표 장상현

# 서문

글로벌 경제 시대에는 수출과 더불어 외국인 투자 유치가 필수다. 두 개의 수레바퀴가 함께 굴러가야만 경제성장을 이룰 수 있다. 그 중심에 '비즈니스 네트워크'라는 그물망을 채워주고 보완해주는 글로벌 기업이 있다. 우리는 국내에 진출한 글로벌 기업을 경제성장과 혁신 동반자 관점에서 바라보아야 한다.

생산성의 증대는 소득의 증가로 이어진다. 시장의 확대와 자본의 축적은 새로운 성장 동력을 발굴하고 키운다. 우리 경제와 함께 동고동락해온 글로벌 기업은 이러한 선순환 과정을 함께 만드는 파트너다. 경계와 단절이 차츰 사라지고 통합과 융합을 아우르는 상생의 비즈니스 시대에 글로벌 기업은 든든한 동료로서 우리와 함께 성장한다.

최근 보호무역 기조와 코로나19 팬데믹(세계적 감염병 대유행)에 따른 리쇼어링(Reshoring·제조업의 본국 회귀) 등 외국인 투자를 유치하는 일이

녹록하지 않은 환경이다. 그러나 이미 세계 경제는 글로벌 가치사슬 (Global Value Chain)의 순환으로 움직인다.

KOTRA Invest Korea는 위기와 혼돈이 변수가 아닌 상수가 된 시대에서 한국 경제 발전의 또 다른 축인 외국인 투자를 확대하기 위해 노력하고 있다. 주력 산업 고도화, 융복합 신산업, 고부가 가치 서비스 산업 육성 등 산업구조 고도화와 재정·정책 금융 집행 확대 등 확장적 재정정책, 노동시장 유연화와 금융시장 선진화 등 경제 불확실성을 제거함으로써 우리나라를 전 세계에서 눈여겨보는 매력적인 투자처로 도약시키려 한다.

이 책으로 엮어내기 위해 기업을 선정할 때, 우리는 여러 산업 부문에서 균형을 맞추고자 노력했다. 비록 지면의 한계가 있어 16개사의 성공 스토리밖에 담지 못했지만, 수많은 글로벌 기업이 각처에서 묵묵히 우리나라 산업발전에 버팀목 역할을 하고 있다.

이 책을 통해 국내에 진출한 글로벌 기업이 한국 경제에 매우 긍정적인 영향을 미치고 있으며 사회공헌활동을 많이 하고 있다는 점을 세상에 알리고 싶었다. 더 나아가 그동안 경제 동반자 역할을 담당해 온 글로벌 기업들이 앞으로 펼쳐질 뉴노멀(시대 변화에 따라 새롭게 떠오르는 기준) 시대에 한국에 더 많은 애정과 관심을 가지고 성장하고 발전하기를 기대한다.

2021년 2월
저자 일동

# 차례

# 1

## 서비스 산업의
## 지형도가 바뀐다

혁신 서비스 산업

# To create a
# better everyday
# life for the many
# people

많은 사람을 위해 더 좋은 생활을 만든다.

## 이케아 코리아

1943년 잉그바르 캄프라드가 스웨덴에서 시작한 작은 우편 주문 회사가 오늘날 글로벌 홈퍼니싱 브랜드인 이케아(IKEA)가 되었다. 이케아 코리아는 2014년 이케아 광명점을 시작으로 국내 공식 진출했으며, 현재 이케아 고양점과 기흥점, 동부산점 등 4개의 오프라인 매장과 이커머스를 운영한다. 이케아 코리아는 '많은 사람을 위해 더 좋은 생활을 만든다'는 비전에 따라 멋진 디자인, 좋은 기능성과 품질의 홈퍼니싱 제품을 낮은 가격에 제공해 더 많은 한국 고객이 홈퍼니싱에 영감을 받고 집을 행복한 공간으로 만들 수 있도록 노력한다.

# 01

# 한국에 더 좋은
# 생활문화를 꽃피우다

**한국과 특별한 인연을 맺은 이케아맨**

프레드릭 요한손 이케아 코리아 대표의 정식 직함은 두 가지다. CEO
와 CSO가 그것이다. CEO는 누구나 알듯이 '최고경영책임자'라는 말
인데 CSO는 낯설다. 의미를 물었더니 '최고 지속 가능성 책임자'라고
한다. 대표의 직함에 '지속 가능성'이라는 말을 넣어서, 그 대표가 경영
과 함께 지속 가능성이라는 키워드를 책임지도록 하는 것이다. 이케아
코리아의 기업 철학이 직함에 잘 드러나 있다.

　전 세계의 이케아 책임자 모두 같은 타이틀을 가지고 있다. 이케아
가 중요하게 여기는 가치인 '지속 가능성'을 지켜나가기 위해, 이케아가

진출한 모든 나라의 책임자들이 1년 전부터 이 듀오 타이틀을 사용 중이다. 한국에서는 그 가치가 어떻게 실현되고 있을까?

요한손 대표의 고향은 스웨덴 크로노베리주 엘름홀트다. 엘름홀트는 인구 만 명이 넘지 않는 작은 지역으로, 이케아의 고향이기도 하다. 1953년 이케아의 창업자인 잉그바르 캄프라드가 처음으로 이곳에 매장 문을 열었다. 이케아의 탄생지에서 자란 요한손 대표는 청소년기에 용돈을 벌기 위해 이케아에서 아르바이트를 했다.

요한손 대표는 대학 졸업 후 다시 이케아로 돌아왔다. 그는 "자신의 비전과 회사의 비전이 일치했기 때문에 이케아에 취업했다"고 말했다. 이케아의 비전은 "많은 사람을 위해 더 좋은 생활을 만든다"이다. 목표가 뚜렷하고, 많은 사람을 위한다는 원칙이 요한손 대표의 마음을 움직였다.

"저는 호기심이 무척 많은 사람입니다. 이케아에는 다양한 직무가 있고, 여러 지역에서도 일할 수 있습니다. 저의 호기심과 의욕을 회사에서 채울 수 있었습니다. 회사 사람들도 너무 좋았습니다. 그래서 한 회사에 오래 머물 수 있었던 것 같습니다."

요한손 대표는 2019년 7월에 이케아 코리아 대표로 취임했다. 1987년 고향에 있는 이케아 매장에서 일을 시작했고, 석사과정을 마친 후 이케아에 입사했다. 2010년 유통 담당 사업부인 이케아 리테일(IKEA Retail)로 자리를 옮겨 중국 상하이의 이케아 쉬후이(XuHui)점 부점장과 중국 베이징의 이케아 다싱(Daxing)점 점장을 맡았다. 3년가량 이케아 프랑스 부대표로 근무한 후 이케아 코리아 부대표로 왔다. 2019년

7월 대표 자리에 오르면서 이케아 용인 기흥점과 동부산점을 열었다.

그는 한국인 부인과 결혼해 한국과 특별한 인연을 맺었다. 요한손 대표의 가족은 그가 한국에 부임하기 전인 11년 전 이미 경상남도 진해에 '서머 하우스'를 지어서 자주 한국을 오갔다. 아이들이 성인이 되기 전에 부모의 나라에서 살아봐야 한다는 생각에 한국을 부임지로 선택했다.

"모든 문화는 다채롭습니다. 여러 문화를 경험하면서 '모든 것이 가능하다'는 것을 배웠습니다. 중국에서는 기업가 정신을, 프랑스에서는 예술과 문화를, 오스트리아에서는 현대적인 편리함을 느꼈죠. 두루두루 새로운 문화를 경험하면서 모든 나라가 위대하다는 생각을 했습니다. 어느 나라에서든 그 나라만의 아름다움과 환상적인 부분을 발견할 수 있었습니다."

## 홈퍼니싱 부문 브랜드 가치 1위 기업 이케아

이케아는 영국의 브랜드 평가 업체 '브랜드 파이낸스'에서 발표한 스웨덴 국적 중 브랜드 가치 1위 기업이다. 미국 경제 전문지 〈포브스〉에 따르면 이케아는 전 세계 50여 개 나라에서 422개 이상의 매장을 운영하고 있으며, 2019년에는 인도에 첫 번째 매장을 열었다. 2018년에는 9억 5,700만 명의 사람이 이케아 매장을 방문했다. 대량생산으로 합리적인 가격, 간결함과 실용성, 미적 가치와 환경을 중요하게 여기는 기업 정신 등이 바탕이 되어 홈퍼니싱을 대표하는 글로벌 기업으로 성장했다.

2010년 독일 은행 도이체방크의 알렉시 바커 음클레난은 이케아 매장과 근접한 소매점의 판매량이 크게 증가한다는 '이케아 허니포트(Honeypot) 효과'를 발표했다. 이케아 매장이 생기면 그 인근에 있는 가전제품, 수납 설비, 침구류나 주방 용품처럼 주거 공간 중심의 상품을 판매하는 소매 업체가 이득을 본다는 이론이다. 그만큼 이케아는 전 세계인들에게 개별 기업의 이름이라기보다 보통명사 개념으로 각인되었다.

그 명성에도 불구하고 이케아의 한국 진출은 쉽지 않았다. 이케아가 한국에 진출한다는 소문은 2010년부터 떠돌았고, 2011년 법인 등록을 마쳤다. 하지만 실제로 경기도 광명시에 이케아 한국 1호점이 들어선 시기는 2014년이었다. 매장 문을 열기까지 관련 업계와 언론에서 많은 논란이 있있다. 이케아가 한국에 문을 열 경우, 국내 가구 업체와 주거 업체가 경쟁력을 잃고 몰락할 것이라고 우려했기 때문이다.

이케아가 한국에 진출하기 전, 한국 가구 업계는 대기업과 영세 기업으로 양분되어 있었다. 수입 가구들은 관세가 붙어 가격이 비싸 다양한 소비자를 만날 수 없었다. 가구 자재의 친환경성이나 안정성 문제가 제기되곤 했지만, 가구 업계의 체질을 바꾸는 근본적인 변화는 일어나지 않았다.

우려와 달리 이케아 코리아는 문을 연 후 빠른 속도로 한국 사회에 자리 잡았다. 이케아 코리아가 생긴 이후 한국의 주거 생활 스타일도 크게 변했다. 한정된 디자인과 가격 앞에서 고민하던 소비자들에게 다양한 선택지가 생긴 것이다. 또한, 해외 유명 수입 가구들도 다량 수입되었고, 국내의 중저가 가구 업체 역시 여러 가격대의 가구와 제품을 선보였다. 백화점에서 구색을 갖추기 위해 제일 높은 층에 배치되었던 가구와 주생활 제품, 주방 용품과 식기류 등이 어느새 눈에 잘 띄는 위치로 자리를 옮겼다. 외국계 기업이 한국의 동종 업계 생태계를 훼손한 것이 아니라, 오히려 새로운 트렌드를 만든 것이다.

물론 전적으로 이케아 코리아 때문에 이러한 변화가 일어난 것은 아니다. 2010년대 이후 소비자들의 성향이 변했고, 한국 디자인 분야의 폭이 넓어졌다. 그만큼 소비자들의 취향도 다채로워졌다. 많은 사람이 남과 다른 제품으로 자신의 '취향'을 드러내는 것이 '자신을 표현'하는 일이라 생각한다.

그전까지 부동산 가격이 비싼 한국에서 가구는 어디까지나 '내구재'로 간주되었다. 내 집을 마련하기 전까지 가격대에 맞는 저렴한 가구를 쓰다가 집을 마련하면 제대로 된 비싼 가구를 사는 것이 일반적인 소비 패턴이었다. 또한 결혼할 때 가구를 한 세트로 사서 맞춰 들여놓는 것을 당연하게 여기기도 했다. 신혼부부의 가구 선택권은 부모 세대에 있었다. 그래서 가구는 개성의 표현이 아니라, 경제 여력의 표현이라고 하는 게 현실에 어울리는 말이었다.

하지만 최근 이 풍토가 바뀌면서 주거문화에 대한 새로운 인식이 생겼다. 원룸을 임대해서 생활하는 20대도 자신의 취향이 드러나는 가구를 선택한다. 중장년층도 예전처럼 가구를 세트로 구입하지 않는다. 대신 취향에 맞는 조명이나 가구, 주생활 소품을 해외에서 직구하거나, 온라인으로 직접 구매하는 사람이 늘었다. 자신의 취향에 맞춰 꾸민 집을 사회관계망서비스(SNS)나 유튜브에 보여주는 문화가 생겼다. 무엇보다 홈퍼니싱 제품에 관한 정보를 얻을 수 있는 통로도 폭발적으로 늘어났다. 그런 변화 속에서, 이케아 코리아가 진출하기 이전부터 개별 사업자가 수입한 이케아 제품을 사용하는 한국 사람들이 상당수 있었던 것도 사실이다.

이케아 코리아가 한국에 들어올 무렵 이런 변화가 생겼다. 이케아 코리아 입장에서 보면 한국 진출 시기가 절묘했던 셈이다. 한국 투자를 앞두고 일정 기간 한국 사회를 관찰하면서, 한국인의 홈퍼니싱에 대한 요구를 간파한 것이다. 이제 사람들이 '이케아 가구'를 사서 직접 조립하고, 이케아의 소품으로 실내를 꾸미는 일이 흔한 풍경이 되었다. 새로 문을 연 작은 사무실이나 가게를 살펴보면 대게 이케아 소품과 가구로 채워져 있다. SNS에 올라오는 젊은 세대의 주거 공간에서도 이케아의 가구와 커튼이 눈에 띈다. 이케아의 몇몇 아이템들은 '국민 ○○○'이라고 불리며 한국에서 스테디셀러가 된 지 오래다. 이케아는 한국 홈퍼니싱 문화 깊숙이 스며들었다.

## 한국 홈퍼니싱 산업의 지형도를 바꾸다

요한손 대표에게 한국에 진출한 이유를 물었다. 그는 서슴지 않고 "한국 사회에 기여하기 위해서"라고 대답했다. 그는 오랫동안 한국 시장을 연구했다. 그 결과 한국에서 홈퍼니싱 요구가 커졌음을 알게 되었

이케아 코리아의 지속 가능성 체험 팝업, 이케아랩(IKEA Lab).

이케아는 영국의 브랜드 평가 업체 '브랜드 파이낸스'에서 발표한

스웨덴 국적 중 브랜드 가치 1위 기업이다. 미국 경제 전문지 〈포브스〉에 따르면

이케아는 전 세계 50여 개 나라에서 422개 이상의 매장을 운영하고 있다.

1~2. 컨설팅 서비스에 주력한 도심 접점형 매장, 이케아 플래닝 스튜디오(IKEA Planning Studio).

고, "많은 사람을 위해 더 좋은 생활을 만든다"는 이케아의 비전을 실현할 수 있으리라 믿었다.

이케아 코리아는 한국에 진출하면서 단기적인 성장을 목표로 하지 않았다. 장기적인 관점에서 한국 소비자들에게 이케아의 기업 철학을 이해할 수 있도록 돕는 것이 목표였다. 물건을 파는 것에 중점을 두지 않고, 기업의 철학을 공유한다는 원칙하에 사업을 확장했다. 그 결과 전 세계에서 가장 높은 매출을 기록한 매장이 될 수 있었다.

요한손 대표는 매출의 양적인 성장보다 이케아 코리아가 들어온 후 한국 홈퍼니싱 문화가 변화했다는 사실에 자부심을 느낀다.

"이케아 코리아가 들어온 이후 한국의 가구 시장이 엄청나게 성장했습니다. 소비자들 입장에서 다양한 선택의 폭과 기회가 생겼습니다. 집을 향한 관심이 커지면서 홈퍼니싱 시장도 규모가 커졌습니다. 한국 사람들의 '삶의 질'이 좋아졌다는 점만으로도 이케아가 한국 사회에 기여한 부분이 크다고 생각합니다."

이케아가 한국에 투자한 이유는 바로 '사람' 때문이다. 요한손 대표는 이렇게 말한다. "한국에는 좋은 인재들이 많습니다. 좋은 인재들은 무엇이든지 할 수 있다는 마인드를 가지고 있는데 그것이 가장 중요한 자산입니다."

기업 문화는 현장에 있는 사람들이 만든다. 요한손 대표는 열정적이고 진지한 한국 직원들이 이케아 코리아만의 기업 문화를 만들었다고 자랑했다.

한편 한국에 투자하면서 규제 때문에 어려움을 겪기도 했다. 가구나 홈퍼니싱 제품은 사람들의 안전 및 건강과 밀접히 연관되어 있어 규제가 필요하다. 유럽의 경우 규제가 일관적이고 장기적인 데 비해 중국이나 한국의 규제는 자주 바뀌는 편이다. 그래서 기업 입장에서 기준이 혼동될 때가 많다. 이케아처럼 제품 개발·생산·공급 등 긴 호흡이 필요한 기업 입장에서 적응하기 어려울 수밖에 없다. 이케아뿐만이 아니라 여느 외국인투자기업(외투기업)들 역시 장기적인 안목으로 해외에 투자한다. 일관적인 규제가 필요한 이유다.

## 코로나19에 맞선 K-방역과 이케아

코로나19가 이케아 코리아에 미친 영향을 물어보자 요한손 대표는 활기를 띠었다. 그는 한국이 코로나에 잘 대응해 매우 행복하다며, K-방역의 우수성을 실감했다고 여러 차례 강조했다. 한국 보건 당국이 보여준 전문적이고 빠른 대처에 매우 만족했고, 이런 사례는 세계 어느 나라에서도 찾아보기 힘들다고 말했다. 이케아 내부에서도 코로나19에 대한 한국의 대처 사례가 모범으로 꼽혀 귀감이 되었다고 한다.

한국인 직원들의 유능함을 코로나19를 통해 더욱 실감했다는 말도 덧붙였다. 위기 상황에 강한 한국인 특유의 강인함이 빛을 발했다는 것이다. 그는 "직원들의 희생과 노력에 감동했습니다. 한국인 특유의 회복 탄력성에 놀랐어요. 어려운 상황에서 직원들이 맡은 일을 열심히 하고 협력해서 위기를 극복하는 모습이 자랑스러웠습니다"라고 말했다.

이케아 코리아는 코로나19 위기 극복을 위해 대구 경북 지역에 기부 물품을 전달했다.

직원들의 희생과 노력에 감동했습니다. 한국인 특유의 회복 탄력성에 놀랐어요.

어려운 상황에서 직원들이 맡은 일을 열심히 하고 협력해서 위기를 극복하는 모습이

자랑스러웠습니다.

이케아 코리아는 고객과 직원의 안전을 최우선으로 두고 대응했다. 코로나19 발발 초창기였던 2020년 2~3월부터 온라인 쪽으로 역량을 강화했다. 이케아는 비대면 비접촉에서 상당히 유리한 고지를 선점하고 있는 기업이다. 고객들이 와서 직접 물건을 둘러보고 직원의 안내 없이 물건을 골라 계산하고 직접 운반해서 가는 구조이기 때문이다.

코로나 초기에는 비대면 비접촉 방식을 강화하고 방역에 신경 썼다. 이후 전화 주문 서비스를 시작했고, 매장 픽업 서비스 '클릭 앤 콜렉트'(Click and Collect) 시스템을 도입해 전체 매장으로 확장하고 있다. 근거리 배송 가격을 낮췄고, 매장에서 가까운 지역에 사는 고객에게는 당일이나 익일에 배송했다. 코로나19로 재정 상황이 어려워진 고객을 위해 인기 있는 제품의 가격을 낮추어 판매하는 등 '더 낮은 새로운 가격' 행사를 기존 연 1회에서 2회로 늘렸다.

이런 노력 끝에 코로나19 이후 더 높은 성상세를 기록했다. 2020년 회계연도 기간 오프라인 매장 방문객은 1,232만 명으로 31% 늘었으며, 패밀리멤버는 40만 명 늘어난 240만 명, 온라인 방문객은 전년보다 14% 늘어난 4,473만 명으로 집계됐다. 2019년 9월~2020년 8월 매출은 전년도 대비 33% 늘어난 6,634억 원을 기록했다. 코로나19로 사람들이 집에 머무는 시간이 길어지면서 홈퍼니싱을 향한 관심이 커졌고, 이케아 코리아가 온라인 채널과 배송 서비스를 강화한 데 따른 결과다.

이케아 코리아는 본사의 기조를 유지하면서, 팬데믹 위기 상황에 민첩하게 대응했다. 코로나 위기에 대처하며 이케아 코리아가 세운 3가지 원칙이 있다. 첫 번째는 고객과 직원의 안전을 우선순위에 두는 것

1~4. 이케아 코리아 직원들이 코로나19에 대응하기 위해 매장 내 안전 수칙을 안내하고 있다.

이고, 둘째는 직원들의 고용 안전성을 지키는 것이다. 마지막으로 더 많은 사람에게 더 좋은 삶의 질을 제공한다는 기업의 비전을 유지하고자 했다. 시장의 흐름을 지속 가능한 관점으로 살펴보고, 민첩하게 성장하려는 원칙을 고수한 것이다.

## 우리 곁의 좋은 이웃, 이케아 코리아

이케아 코리아는 한국에 진출한 이후 2,500명의 직원을 고용하며, 직장 내의 성 평등과 장애인 고용, 워라밸(일과 개인 생활 간의 균형) 유지 등 여러 면에서 모범이 되었다. 요한손 대표는 한국에 투자한 이후 사업적인 면뿐만 아니라 문화적으로 긍정적 영향을 미친 부분이 자랑스럽다고 했다. 많은 우려와 걱정 속에서 한국에 진출했지만 홈퍼니싱 시장 전체와 관련 국내기업들의 성장을 유발했고, 고객의 만족을 이끌어냈다는 점 역시 이케아 코리아가 긍정적으로 평가받는 부분이다.

무엇보다 어떻게 하면 '지속 가능성'의 가치를 실현할 수 있을지 고심한다. 지속 가능한 기업 풍토를 만들기 위해서는 국가와 기업 모두 투명해야 하며 협력해야 한다. 사회적으로 평등을 포용하는 문화도 형성해야 한다. 그러기 위해 모든 직급이나 리더십에서 남녀 비율을 동일하게 유지하고 있으며, 전체 식원에서 여성이 더 많은 비율을 차시하고 있다.

이케아가 강조하는 지속 가능성은 일터에서도 관철된다. 주 52시간 노동 정책이 발표되기 전부터 주 50시간 노동 원칙을 고수했다. 환경적인 측면에서 장기적으로 모든 배송을 전기차로 바꾸려는 계획을 하고 있으며, 탄소 배출 제로 원칙을 지키기 위해 실천 방안을 모색 중이다. 안 쓰는 이케아 제품을 이케아에서 되사서 파는 '바이백 서비스' 또한 가구에 두 번째 생명을 주자는 취지로 지속 가능성을 실천하기 위해 고안한 프로젝트다. 태양광 패널을 비롯한 친환경 솔루션 제품, 친환경 농산물을 고집하는 도심형 농장 '이케아 파르마레' 역시 기업의 원칙을 지키기 위해 실행 중인 프로젝트다. 이러한 사업은 한국 소비자들에게 좋은 반응을 얻고 있다.

이케아 코리아는 매장이 들어서는 지역사회에 '좋은 이웃'이 되기 위해 여러 사회공헌활동을 펼치고 있다. 특히 사회적으로 보호가 필요한 미혼모나 저임금 노동자, 노인 등을 위한 사업에 집중하고 있다. 이러한 노력으로 이케아 코리아는 좋은 이웃으로 한국 사람들에게 다가가려 한다.

# Delivering
# Overwhelming
# Joy and
# Happiness

带来无限喜悦与欢乐

무한한 즐거움과 행복을 선물하다.

## 제주신화월드

제주도의 서남쪽에 있는 제주신화월드는 랜딩인터네셔널이 세계적인 관광 명소로 개발한 복합리조트다. 제주신화월드는 지역사회와 이해 당사자들과 관계를 맺고 협력하고 있으며, 개발과 보존의 균형을 맞추기 위해 계속해서 노력하고 있다. 1단계 현재까지 15억 달러(약 1조 7,000억 원)의 개발비를 투자해 국내외 모든 연령대의 방문객에게 맞는 프리미엄급 여가시설과 엔터테인먼트 시설을 갖췄다.

# 02

# 제주의 매력으로
# 세계를 초대하다

**한국의 관광 잠재력은 몇 점입니까?**

한국은 여행하기 좋은 나라일까? 세계인에게 매력적일까? 몇 년 전까지만 해도 많은 사람이 이 질문에 자신 없었을지도 모른다. 그렇지만 이젠 다르다. 한국을 여행한 해외의 많은 여행객이 충분히 매력적인 곳이라고 한국을 이야기하고 있고, 해외 미디어나 여행 전문 커뮤니티에서 흥미진진한 여행지로 한국을 추천한다. 방탄소년단(BTS)을 비롯한 K-팝에 관심을 가진 사람이 늘어났으며, K-드라마 〈킹덤〉 시리즈, 〈스위트홈〉(2020), 〈사이코지만 괜찮아〉(2020)등을 재미있게 본 사람들도 많다. 영화 축제 칸느와 아카데미를 석권하면서 신드롬을 일으킨 봉준호 감독의 〈기생충〉(2019)을 비롯한 한국 영화에 관심을 갖는 사람도 많다. 이렇게 문화에서 시작한 관심이 여행과 관광으로 이어지는 스토리가 차고 넘친다. '욘사마' 배용준과 〈겨울 소나타〉(2002) 등 1차 한류 붐이 일본과 중국, 동남아시아에서 한국으로 관광객을 이끌고 왔다면, 지금의 'K-붐'은 말 그대로 '전 세계적'이다.

대중문화뿐만이 아니다. 세계 어느 나라 음식과 비교해도 독특한 한국의 음식 문화와 1945년 제2차 세계대전 종전 이후 제국주의의 식민지에서 독립한 신흥국가 중 유일하게 세계 10대 경제 강국과 민주주의의 모범 국가가 된 역동적인 한국의 역사, 여성이나 청소년 여행자 혼자서도 안전하게 여행할 수 있는 사회 인프라 등 한국을 여행지의 출발점으로 소개할 만한 요소도 많다.

에드먼드 웡 제주신화월드 CEO는 매력적인 여행지로 한국, 특히 서울, 부산, 제주가 떠오르고 있다는 걸 잘 알고 그에 맞춰 준비하고 있다. 싱가포르 출신의 에드먼드 웡 CEO는 한국에 부임하기 전에 싱가포르를 비롯해 말레이시아, 중국, 호주, 뉴질랜드 등 유명한 관광 도시에서 경력을 쌓으며 방글라데시, 몽골 같은 이국적인 장소들을 둘러보았다. 웡 대표는 이 중에서도 제주도에 주목했다.

하지만 6년 전 제주도에 처음 왔을 때 한국 관광의 잠재력을 발굴하고 이를 토대로 사업을 준비하는 데 어려움을 겪었다. 당시만 해도 사회적으로 제주신화월드가 추구하던 복합리조트 사업에 관한 이해가 부족했고, 관광산업에 대한 인식과 지원도 충분하지 않았기 때문이다. 웡 대표는 얼마 전 〈코리아타임스〉에 기고한 글에서 다음과 같은 질문을 던졌다.

"한국 국토의 70%가 오염되지 않은 산으로 덮여 있다는 사실은 한국 관광산업에 있어 진정한 축복입니다. 한국은 또한 해변, 계곡, 습지, 강 등 다양한 경관을 서로 불과 몇 시간 거리에 두고 있습니다. 한국의 문화적 매력, 환대 그리고 세계에서 가장 발전된 공공 인프라와 함께, 한국은 진정으로 세계를 즐겁게 할 수 있는 모든 요소를 가지고 있습니다. 그럼에도 불구하고 한국은 관광 잠재력을 충분히 발휘하고 있을까요?"

2020년 초에 발행된 경제협력개발기구(OECD) 보고서에 따르면 회원국 국내총생산(GDP) 대비 관광산업 평균 기여도는 10.4%이고 일자리 기여도는 10%다. 그러나 이를 한국에 대입하면 각각 2.7%와 3%로 평균에 한참 미치지 못한다. 이와 같은 숫자에 근거해 에드먼드 웡 CEO의 질문에 대답한다면 아쉽게도 한국의 관광산업은 잠재력을 충분히 발휘하지 못하고 있다고 말할 수 있다. 거꾸로 생각하면 아직도 발전할 여지가 많은 곳이라 해석할 수도 있을 것이다.

코로나19로 얼룩진 2020년은 여행·관광산업에 최악의 해로 기억될 것이다. 이 문제는 한 도시나 지역, 국가의 문제가 아니라 전 세계의 여행·관광산업이 맞닥뜨린 문제다. 여러 항공사가 파산했으며, 여행사, 호텔, 식당들이 문을 닫거나 간신히 명맥만 유지하고 있다. 수많은 전문 인력이 이직하거나 전직, 실업 등으로 산업 전체가 엄청난 피해를 입었다. 비록 어려운 상황이지만 누군가는 지금의 위기를 잘 버티고 팬데믹이 끝난 후 어떻게 회복할지 시나리오를 짜야 한다. 미래는 그렇게 준비하는 것이다. 에드먼드 웡 CEO와 제주신화월드는 코로나19의 상황 속에서 어떻게 미래를 준비하고 있을까.

## 곶자왈에서 배운 다양성과 공존의 가치

제주신화월드는 총면적 250만제곱미터로 조성된 국내 최대 규모의 복합리조트다. 한강시민공원 등 한강 둔치를 뺀 윤중로 제방 안쪽의 여의도 면적이 290만제곱미터가량이니 대략 여의도만 한 크기라고 할수 있다. 우리나라 궁궐 중 가장 큰 경복궁의 면적이 43만제곱미터 정도니까 대략 경복궁 6개 정도의 크기라고 생각해도 되겠다. 그 정도의 면적에 관광·체험·휴양·비즈니스·콘퍼런스(세미나)·게임(카지노)·오락·쇼핑 등 여러 경험을 한꺼번에 체험할 수 있는 원스톱 관광시설이 들어섰다.

제주신화월드는 곶자왈이 있는 곳에 자리 잡았다. 제주신화월드 공식 홍보물에서도 곶자왈을 강조한다. "제주신화월드는 제주도 남서쪽 안덕면의 아름다운 자연 '곶자왈'에 둘러싸여 자리한 대규모 복합 프리미엄 리조트입니다."

곶자왈은 숲을 뜻하는 '곶'과 나무와 덩굴 따위가 마구 엉클어져서 수풀같이 어수선한 곳을 부르는 '자왈'을 합친 제주도 방언이다. 돌무더기가 많은 지형 특성상 농사 짓기 어려운 땅이다. 그동안 주로 방목지로 이용하거나 땔감을 얻는 곳으로 여겨졌다.

하지만 현재는 자연림과 가시덩굴이 있는 '자연의 보고'로 대접 받는다. 한라산에서 해안선까지 펼쳐지면서 동식물이 조화롭게 살 수 있는 삶의 터전이자, 완충 지대다. 곶자왈은 제주도만의 독특한 풍경이자 생태계에서 중요한 장소로 평가받는다. 곶자왈 지대는 세계에서 유일하게 열대 북방한계 식물과 한대 남방한계 식물이 공존한다. 한 장소에서 열대·온대·한대 기후의 다양한 식물이 함께 사는 모습을 볼 수 있다.

곶자왈에서 발견한 '다양성'과 '공존'은 복합리조트로서 제주신화월드가 중요하게 생각하는 가치다. 제주신화월드는 메리어트관을 비롯한 브랜드 호텔과 서머셋관 등 콘도까지 프리미엄 숙박시설에 2,000개 이상의 객실을 보유해 가족 여행객, 커플, 대·소규모 그룹부터 비즈니스 고객에 이르는 다양한 여행객에게 특화된 서비스를 제공할 수 있다. 놀이기구가 있는 신화테마파크와 제주 최대 규모를 자랑하는 신화워터파크 역시 연령대를 초월해 다양한 세대가 함께 즐길 수 있는 장소다.

여행의 즐거움으로 먹을거리 또한 빼놓을 수 없다. 제주신화월드의 레스토랑은 제주도의 신선한 식재료를 쓴다. 뷔페부터 한식·중식·캐주얼 다이닝·라운지에 이르기까지 40개 이상의 매장이 다채롭게 구성되어 있다. 최첨단의 시설을 갖춘 연회장은 고객의 목적에 맞는 행사를 최적의 환경에서 진행하기에 손색이 없다. 그 밖에도 아이들을 위한 키즈 프로그램, 고객 요구에 맞는 객실 패키지, 국내에서 두 번째로 큰 외국인 전용 카지노, 계절마다 풍성한 꽃의 향연이 펼쳐지는 신화 가든 등 국내와 세계 각지에서 찾아오는 고객들의 다양한 요구를

1. 제주신화월드 전경.
2. 스카이 풀 일몰 풍경.
3. 스카이 풀 저녁 풍경.
4. 신화 리조트 전경.
5. 신화테마파크.
6. 카운트다운 파티.

제주신화월드는 총면적 250만제곱미터로 조성된 국내 최대 규모의 복합리조트다.

충족시킬 수 있는 서비스를 1년 내내 선사한다.


## 무한한 기쁨과 행복을 위하여

2010년 싱가포르에서 마이스(MICE) 산업 형태의 마리나베이샌즈와 레저 중심의 테마파크형 리조트 월드 센토사가 문을 열면서 복합리 조트라는 말을 쓰기 시작했다. MICE는 기업회의(Meeting), 포상관광 (Incentive Travel), 컨벤션(Convention), 전시(Exhibition)의 머리글자로 부가가치가 높은 복합 관광·전시산업을 의미한다. MICE 수요로 모인 대규모 관광객에게 테마파크 체험과 카지노 게임 등을 제공함으로써 굳이 시설 바깥으로 나가지 않고 '올인원 호캉스'를 즐길 수 있으며, 이로써 수익성을 키우는 것이 복합리조트의 전략이다.

이와 같이 대규모 복합 시설에서 다양한 서비스를 제공하는 산업은 1990년대에 미국 라스베이거스에서 시작했다. 1990년대 이후 라스베이거스 관광산업은 카지노 위주에서 벗어나 국제회의·컨벤션·전시회 등 비즈니스 수요와 가족·레저 관광 수요를 접목해 도입했다. 그 시초가 1993년 12월 18일 대대적인 리모델링을 거쳐 새롭게 문을 연 MGM그랜드였다.

MGM그랜드는 카지노만이 아니라 다른 목적으로도 손님이 찾아올 수 있도록 〈오즈의 마법사〉(1900)의 온갖 인물과 장소들을 재현한 어드벤처 테마파크를 만들었다. 미국 중서부의 시골 모습을 재현한 옥수수밭과 사과 과수원 그리고 귀신 들린 숲 등을 실제 풍경처럼 만들었고, 노란색 벽돌 길 위에서 소설 속 주인공인 도로시, 허수아비, 깡통 남자, 비겁한 사자, 사악한 서부 마녀 등 정교하게 재현된 캐릭터들이 등장해 눈길을 끌었다. 테마파크의 안쪽에서는 〈오즈의 마법사〉에서 소재를 가져온 다양한 공연을 열었다.

MGM그랜드의 계획은 라스베이거스에 '머무르고 싶은 호텔'을 만드는 것이었다. 카지노를 즐기기엔 무리인 어린이들이나 카지노에 관심 없는 사람들에게 색다른 체험을 제공함으로써 여행·관광지로서 라스베이거스 지역 자체를 가족 친화적으로 만들려는 계획이었다.

가족 친화적인 분위기를 지향했지만, 기존 휴양지나 리조트의 전략을 답습하지 않았다. 당시 MGM그랜드의 회장 테렌스 라니는 "고객이 세계에서 가장 위대한 영화 중 한 편의 시사회에 온 손님처럼 느끼길 바란다. 계획대로 모든 게 완공되면, 이 숙박시설의 모든 측면에서 엔터테인먼트를 제공할 것이다"라고 말했다. 그 말을 증명하듯 한동안 MGM그랜드의 입구에는 'The City of Entertainment'(엔터테인먼트의 도시)라는 네온 간판이 걸려 있었다. MGM그랜드에서 손님들에게 제공하려고 했던 것은 엔터테인먼트 즉 오락과 즐거움, 환대였다.

제주신화월드의 모 기업인 랜딩인터내셔널의 홈페이지에는 '무한한 기쁨과 행복의 전달'이라는 기업 가치 아래 자신들의 기업 사명을 이렇게 전하고 있다.

"랜딩은 모든 국내외 방문객과 가족이 함께 즐거운 시간을 보낼 수 있는 이상적인 목적지로 세계적인 수준의 통합 레저 및 엔터테인먼트 리조트를 개발하고 운영하는 것을 목표로 합니다. 테마파크에 몸을 맡기거나, 휴식을 취하고, 긴장을 풀고, 호텔에서 새로운 맛과 경험을 발견하거나, 컨벤션 센터에서 비즈니스 네트워크를 구축하는 등 랜딩 리조트에는 다양한 배경과 연령대의 모든 사람을 만족시킬 수 있는 무언가가 있습니다."

다양한 배경과 연령대의 사람들에게 각각의 만족을 선물하는 것. 이것이 MGM그랜드 이후 복합리조트로 귀결된 관광산업의 흐름이다. 이때 복합리조트의 핵심은 잘 짜인 '엔터테인먼트' 같아야 한다는 점이다. 전 세계 각지에서 경쟁적으로 복합리조트를 건설하고 있다. 수요가 점점 더 커지고 있다는 것을 의미한다. 특히 코로나19로 많은 관광지를 돌아보는 것보다 한곳에서 여행의 모든 것을 누릴 수 있는 '올인원 호캉스'가 시대의 여행 트렌드로 부상하면서 오락과 즐거움, 환대를 제공하는 복합리조트는 더 많이, 더 빠르게 성장할 것이다.


## 복합리조트의 경제 유발 효과

랜딩인터내셔널은 홍콩에 상장된 부동산 개발 회사로, 중국에서는 신도시 개발 등 굵직한 국책사업을 맡으면서 성장했다. 제주신화월드는 랜딩인터내셔널이 최초로 설립한 복합리조트다. 랜딩인터내셔널은 왜 첫 번째 복합리조트를 설립할 장소로 제주를 선택했을까? 에드문드 웡 대표는 말했다.

"글로벌 관광 기업의 관점에서 봤을 때 한국은 서비스 산업에 특화된 시장이라고 판단해 진출 전부터 기대가 컸습니다. 교육 수준이 높은 노동시장과 서비스 마인드가 기본적으로 내재되어 있는 국민성에, 세계 최고 수준의 정보통신기술 연계성까지 결합해 글로벌 관광기업에 비옥한 토양이라 생각했습니다. 지금도 그 생각에는 변함이 없습니다. 한국 중에서도 제주는 2000년대 초부터 국제자유도시로 지정되어 사람·상품·자본의 이동이 자유롭고, 기업 활동의 편의가 최대한 보장되는 지역으로 자리매김했습니다. 특히, 코로나19 사태 전까지 국내에서 유일하게 무사증(무비자) 입국이 허용된 지역이었기 때문에 글로벌 수준의 복합리조트를 개발하기에 좋은 입지를 갖춘 곳이라 생각했습니다."

제주국제자유도시는 급변하는 세계 환경에 능동적으로 대처하고, 감귤과 관광산업 중심의 취약한 산업구조를 고도화하는 한편, 국가경제 개방화의 교두보 역할을 하는 새로운 전략이 필요하다는 인식 아래 1999년부터 추진한 제주의 지역개발 전략이다. 여기서 눈여겨보아야 할 부분이 '취약한 산업구조를 고도화'한다는 점이다.

복합리조트는 고부가 가치를 낳는 관광 인프라로서 먼저 관광객 수와 관광 수입 증가에 기여한다. 또한 새로운 일자리를 창출하고, 복합리조트가 들어선 지역의 복지 재원 마련 등 경제 유발 효과가 상당하다. 일자리 창출에 있어서 복합리조트는 관광산업에 국한된 인력만이 아니라, MICE 행사 및 쇼핑, 공연, 카지노 등을 운영·관리하기 위한 전문 인력과 회계, 기술, 국제회의, 이벤트, 판매관리, 건축, 법, 정보통신(IT) 등 다양한 서비스 부문의 인력이 필요하다.

싱가포르의 경우 2010년 복합리조트 두 곳을 설립한 이후 직접 고용 2만 명, 간접 고용 4만 명에 달하는 일자리를 창출했다. 특히 마리나베이샌즈 리조트의 경우 출범 당시 9,000여 명의 임직원 중 35세 이하 청년층의 비율이 60%를 넘었다. 그뿐만 아니라 세탁, 경비 등과 같은 용역 업무도 필요하며, 복합리조트에서 쓰는 온갖 물품과 식자재 공급으로 유통망도 발전한다. 교통과 엔터테인먼트 부문도 활발해져 시설 주변 지역의 활성화에도 기여한다. 복합리조트 하나만으로 내수 진작과 지역경제 발전에 큰 역할을 하는 것이다.

## 지역주민과 함께 동반 성장하는 제주신화월드

에드먼드 웡 CEO는 제주신화월드가 해외투자로 한국에 들어온 기업이지만 제주기업이라는 정체성 아래 활동한다고 강조한다. "제주신화월드는 한국에 진출하기 전부터 지금까지 '제주의 기업'으로 자리매김하기 위해 최선의 노력을 기울여 왔습니다. 단순히 비즈니스 차원의 투자가 아니라 지역과 함께 동반 성장하는 비즈니스 모델을 지속해서 발전시키려고 합니다."

제주신화월드는 2017년 일부 공간부터 영업을 시작했고, 2018년 3월 1단계 투자를 마무리하면서 공식적으로 '그랜드 오픈'을 선언했다. 2013년부터 그랜드 오픈까지 1단계 조성에 투자한 금액만 15억 달러(1조 7,000억 원)다. 영업을 시작한 이래 최근 2년간 각종 세금과 관광진흥기금, 환경보전기부금, 마을발전기금, 도내 대학교 발전기금 등으로 지역 경제에 1,000억 원에 달하는 기여금을 쓰는 등 짧은 시간 안에 제주도의 최대 기업이 되었다.

'지역과 함께 동반 성장하는 비즈니스'를 고민할 때 물론 투자금액과 매출액, 지역 내 기여금 등도 중요하지만, 정말로 어떻게 지역을 성장시킬 것인지 고려해야 한다. 먼저 가장 신경 써야 할 부분이 인력 고용과 인재 개발이다.

제주신화월드는 고민의 일환으로 2017년에 인근 마을 주민들과 상생협약을 맺어 서광마을기업을 지원했다. 현재 제주신화월드 전체 용역 서비스의 40% 이상을 서광마을기업에 속한 주민이 맡는다. 최근 코로나19를 극복하기 위해 회사 운영비를 대폭 줄이고 있는데도 서광마을기업에 위탁하는 용역 서비스만큼은 최대한 보장하기 위해 노력하고 있다. 또 장애인을 포함한 취업 취약계층 주민에게 양질의 일자리를 제공하기 위해 제주 최초의 자회사형 장애인표준사업장과 제주신화월드 교육일자리지원센터도 설립했다.

지역사회와 상생을 위해 제주신화월드는 개발에 지역 건설업체의 참여를 명시해놓았다. 1단계 공사를 착수하던 때부터 지금까지, 시공 계약 시 지역 건설업체가 50% 이상 원청업체로 참여하는 것을 원칙으로 정해 지켜왔다. 지역 농수산물 소비 활성화도 꾸준히 기여하고 있다. 제주신화월드의 식음료 업장에서 사용하는 각종 식자재와 공산물 일부를 제주 지역에서 생산한 것으로 쓴다. 고객에게는 제주에서 나고 자란 깨끗하고 신선한 농수산물을 제공함으로써 맛의 만족도를 높이고, 또 지역 경제와 상권의 활성화도 꾀하고 있다.

한편 제주신화월드는 관광산업을 위한 인재 육성에도 큰 관심을 기울이고 있다. 복합리조트라는 개념이 국내에서 생소하기 때문에 글로벌 수준의 인재를 육성하는 것이 시급하다. 제주신화월드는 지역 대학교들과 업무협약(MOU)를 맺어 서비스 산업에 관심 있는 학생을 대상으로 싱가포르 연수 프로그램을 진행했으며, 제주대학교 사회맞춤형 인재양성 과정에 연 5,000만 원을 10년에 걸쳐 지원하고 있다. 회사 내에서도 자신의 역량과 관심에 맞춰 다양한 직무를 경험할 수 있는 인사 정책을 도입했다.

에드먼드 웡 CEO는 2019년, 한 일간지와의 인터뷰에서 이렇게 말했다.

"제주신화월드는 제주의 기업이며 오랫동안 도민과 함께 성장해나갈 것입니다. 우리의 많은 직원이 제주에서 태어나 타지 생활을 하다가 제주신화월드에 합류하면서 다시 가족과 재회했다고 들었습니다. 제주도에서 가장 일하기 좋은 직장으로 인정받고, 과거, 현재 그리고 앞으로 함께할 직원 모두 자랑스럽게 생각할 기업이 됐으면 합니다."

일하기 좋은 직장이란 다른 무엇보다 고용 안정성이 보장돼야 한다. 대우가 좋아도, 당장 내일 다시 일할 수 있을지 알 수 없다면 좋은 직장이라고 하기는 어려울 것이다. 1,500여 명에 이르는 전체 직원(80% 이상 제주 출신)에 간접 고용까지 더하면 제주신화월드에서 고용한 직원 수만 2,000여 명으로 제주에서는 전례 없는 규모다. 코로나19 국면에서 일자리를 지키는 것이 제주신화월드의 최우선 과제다.

1. 제주 사계리 어촌계 해녀들을 초청해 오찬을 대접했다.
2. 제주 안덕면 경로당에 간식을 제공하고 있다.

거린오름 정화 활동을 위해 제주신화월드 직원들이 청소를 했다.

## 푸른 솔의 꿈

"과거 서비스 산업, 특히 여행·관광산업은 대면 접촉이 활동의 대부분을 차지했었습니다. 그렇지만 코로나19를 맞아 서비스 산업도 이제 뉴노멀 시대로 전환해야 하며 새로운 기술 도입이 필요한 시점입니다. 여행·관광산업도 뉴노멀 관점에서 기본부터 다시 생각해볼 필요가 있습니다."

얼마 전 콘퍼런스에서 에드문드 웡 대표는 이런 발표를 했다. 코로나19를 계기로 뉴노멀 관점에서 생각할 필요가 있다는 이야기다. 전통적으로 대면 서비스인 관광산업을 비대면 호텔 관광산업과 디지털 전환(Digital Transformation)의 기회로 삼아야 한다는 의미다. 웡 대표는 포스트코로나 시대의 관광 업계에서는 대면 서비스로 인식했던 요소를 상당 부분 보완하거나 변화해야 한다고 설명했다.

제주신화월드는 최근 로봇 호텔리어 '앨리스'를 시범적으로 운영했다. 비대면 룸 서비스가 주 업무인 앨리스는 손가락이 없지만 와이파이로 엘리베이터와 통신하고, 객실 앞에 도착하면 고객의 객실 전화로 도착을 알린다. 앨리스는 물품만 전달하는 것이 아니라, 포스트코로나 시대에 고객에게 색다른 즐거움을 선사하는 새로운 서비스를 보여주는 좋은 사례다.

머잖아 원격 체크인, 모바일 객실 시스템 제어, 테마파크 및 워터파크 내 비접촉 라커 등 비대면·비접촉 서비스가 고객 서비스 산업 비즈니스의 기준이 될 것이다. 에드먼드 웡 CEO는 '디지털 전환'과 '고객 서비스'라는 서로 연관성이 없어 보이는 두 개념을 효과적으로 융합하는 것이 기업에 남겨진 과제이자 기회라고 강조했다.

그렇지만 너무 '포스트코로나' '뉴노멀'을 강조할 필요는 없을 것 같다. 대면 접촉의 일부가 제한될 수는 있지만, 그것은 여행·관광의 본질에서 일부일 뿐이다. 복합리조트로서 제주신화월드가 본래 하고자 했던 것, 즉 오락과 즐거움, 환대를 제공하는 엔터테인먼트로서의 역할에 충실할 것이다.

제주신화월드의 메리어트관의 실내 벽에는 '푸른 솥' 그림이 걸려 있다. 푸른 솥을 한자로 하면 람정(남정·藍鼎)을 뜻한다. 영어로 읽으면 랜딩이다. 랜딩인터내셔널의 이름이 여기에서 왔다. 랜딩인터내셔널에서는 람정을 풀이해서 '藍納四海, 鼎集大成'(람납사해, 정집대성)이라고 설명한다. 쪽빛은 사해를 받아들이고, 솥은 큰 성공을 모은다는 말이다. 세 발 달린 정(鼎)은 여기선 솥으로 번역했지만, 고대 중국에서 오래도록 국가의 큰 행사나 제사 등에서 쓰던 제의도구였다. 중국의 박물관에는 청동기 시대에 만들어진 푸른빛이 도는 이 솥 종류의 유물을 전시한 곳이 많다. 너무 아름다워서 한참을 보게 되는 유물이다. 왕실이나 위세 있는 가문의 고귀함, 존귀함을 상징하는 물건으로 많이 쓰였으며, 중국 고대문화에서 중요한 상징성을 띤다.

제주신화월드는 쪽빛이 사해를 받아들이듯 세계 각지에서 온 귀한 손님들을 받아들이고, 솥에 큰 성공을 모으듯 제주에서 크게 성장하고자 한다. 21세기 최첨단의 관광 트렌드를 구현하는, 코로나19 이후의 뉴노멀까지 내다보는 제주신화월드와 고대의 기원이 만났다. 그러고 보니 '제주신화월드'에도 '신화'라는 말이 들어 있다.

지금까지 제주여행의 트렌드는 여름철은 가족과 휴가를 보내는 여행객이 많았고, 가을과 거울에는 혼자 여행하는 '혼행족'이나 힐링을 원하는 개인·소규모 여행객이 많았다. 제주신화월드는 세계 수준의 호텔 브랜드, 여러 종류의 관광지, 수십 개의 식사와 음료 매장, 외국인 전용 카지노까지 갖춰 사시사철 모든 유형의 여행객이 만족할 다양한 시설과 서비스를 준비해 이제 막 성공 스토리를 쓰기 시작했다.

어쩌면 성공의 방향은 예측과 달라질지도 모른다. 수많은 요구에 응대하는 것에서 나아가, 이제까지의 트렌드를 벗어나 '제주신화월드' 공간 자체가 여행·관광의 목적지가 될 수도 있다. 푸른 솥에 성공 이야기가 쌓일 수 있을까. 푸른 솥의 꿈, 제주신화월드의 다음 이야기가 기대된다.

# Scanline VFX is a global visual effects studio

스캔라인 VFX는 글로벌 시각효과 스튜디오다.

## 스캔라인VFX 코리아

영상 콘텐츠의 특수효과를 대표하는 기업이다. 대형 재난영화의 시각효과를 실감나게 구현하여 명성을 얻었다. 독자적인 툴을 개발하여 원천기술을 보유하고 있으며 한국지사는 2019년 문을 열었다. VFX 글로벌 기업 중 아시아 최초 100% 자회사다. 고급화된 VFX 기술로 아시아 영화 발전을 도모하여 한국 임직원 고용을 계속해서 늘려갈 계획이다.

# 03

# 한국의 우수한 인력으로
# 아시아 영상시장을 겨냥하다

**그 영화의 시각효과는 누가 만들었을까**

〈아이언맨〉(2008), 〈어메이징 스파이더맨〉(2012), 〈어벤져스〉(2012), 〈설국열차〉(2013), 〈캡틴아메리카-윈터솔저〉(2014), 〈배트맨 대 슈퍼맨-저스티스의 시작〉(2016), 〈앤트맨과 와스프〉(2018), 〈아쿠아맨〉(2018), 〈캡틴 마블〉(2019), 〈스파이더맨 파프롬 홈〉(2019). 마치 2000년대 할리우드 대작을 다 모아 놓은 듯한 이 작품 목록에는 공통점이 있다. 스캔라인 VFX가 시각효과를 담당했던 작품이라는 사실이다.

아마도 많은 이에게 스캔라인VFX라는 이름은 낯설게 느껴질 수도 있다. 그렇지만 앞서 열거한 영화 말고도 이 회사에서 담당한 수많은 영화의 목록을 살펴본다면, 영화를 좀 보았다는 사람 치고 스캔라인VFX의 작업 결과를 한 번도 보지 못한 사람은 드물 것 같다.

1989년 독일 뮌헨에서 설립되어 2020년 현재 독일 슈투트가르트, 미국 로스앤젤레스, 캐나다 밴쿠버, 몬트리올, 영국 런던과 한국 서울에 지사를 두고 있는 스캔라인VFX는 창립자 스테판 트로얀스키가 개발한 소프트웨어 플로우라인(Flowline)에서 시작했다. 이름에서 짐작되듯 유동성을 표현하는 데 특히 뛰어난 능력을 보이는 이 소프트웨어를 개발한 공적을 인정받아 트로얀스키는 2008년 아카데미 과학기술상을 받았다. 이후 스캔라인VFX는 큰불이나 홍수, 연기 등 대규모의 재난서사 영화에서 생생한 시각효과를 구현하는 데 성공했으며, 스펙터클한 시각효과가 필요한 영화를 꾸준히 작업해왔다. 미국 최대 프로그램 콩쿠르상인 에미상과 시각효과협회상을 수상했고, 그 밖에 아카데미상, 영국 아카데미 시상식(BAFTA) 후보에도 오른 바 있다.


## 세계를 향해 열린 사무실

2019년 스캔라인VFX 아시아 지사를 서울에 설립했을 때 관련 업계 종사자들 사이에서는 꽤나 큰 술렁임이 있었다고 한다. 서울에 지사를 설립한다는 이야기는 이전부터 있었지만, 아시아에서 첫 번째로 생기는 지사가 중국이나 일본이 아닌 한국이라는 점에 의구심도 있었다.

2019년 4월 17일 서울시청 홈페이지에 알린 새소식에 따르면 서울시 관계자는 "스캔라인VFX가 그동안 중국, 일본 등에 추가 설립을 검토하던 중 서울시와 산업통상자원부, 코트라의 적극적인 노력 끝에 서울에 아시아 스튜디오를 열기로 했다"고 설명했다. 스테판 트로얀스키 대표는 서울을 찾아 서울시와 스캔라인VFX의 업무협약 체결식에 참여했으며, 2019년 7월 스캔라인VFX 서울 스튜디오의 문을 열었다.

문을 연 후 1년이 지났다. 그 사이 코로나19라는 변수가 등장했고 많은 산업이 어려움을 겪고 있다. 영상산업은 코로나19로 큰 타격을 입은 대표 분야다. 상암동의 스캔라인VFX 코리아를 찾았을 때 2개 층을 차지한 사무실이 거의 비어 있었다. 대부분 재택근무를 하고 있어 사무실에서 근무하는 직원이 별로 없었다. 3월부터 전 세계 글로벌 스튜디오의 모든 직원이 재택근무를 할 수 있게 발빠르게 움직였고, 현재까지 재택근무를 통해서 영상 작업을 진행 중이다.

스캔라인VFX 코리아에는 아이라인 룸이라는 공간이 있다. 전 세계 일곱 곳의 지사와 실시간으로 소통하는 화상회의 시스템이 있는 장소다. 홍성환 스캔라인VFX 한국지사장은 코로나19 이전에는 회사 특성상 재택근무를 할 수 없다고 생각했다. 개봉 전 영화나 드라마에 등장하는 시각효과를 제작하는 기업이니만큼 내용이 유출되지 않도록 철저한 보안이 유지돼야 했기 때문이다. 고객인 영화사에서 후반작업 인력의 재택근무를 허락하지 않을 것 같았다. 하지만 불가피한 상황에서 막상 재택근무를 하게 되었고, 회사 커뮤니케이션 시스템으로 문제없이 세계 곳곳의 작업자들과 소통하며 작업할 수 있었다. 보안 문제 또한 기술을 통해 해결했다.

트로얀스키 대표는 다른 회사보다 일찍 재택근무를 결정했다. 이

1. 밴쿠버 본사 사옥 모습.
2. 밴쿠버 본사 3층 복도에 작업한 작품 포스터들이 걸려 있다.
3. 한국지사의 아티스트 작업 공간이 코로나19로 비어 있다.

런 근무 조건을 보편화하자 회사에 유리한 상황이 생겼다. 세계 곳곳에서 후반작업 아티스트들이 원격으로 함께 일하고 싶다며 스캔라인 VFX에 관심을 보인 것이다. 해당 스태프가 세계 어느 곳에 있든지 회사 입장에서는 상관이 없다. 한국지사장을 맡고 있는 동시에 합성 분야 아티스트로 일하는 홍성환 지사장 역시 매일 미국 로스앤젤레스에 있는 자신의 컴퓨터에 접속한다.

## 뛰어난 실력과 눈을 가지고 있는 한국인

외국 영화나 드라마의 엔딩 크레디트를 유심히 본 사람이라면, 시각효과를 담당하는 스태프 중에 한국인 이름이 자주 등장한다는 사실을 알고 있을 것이다. 실제로 해외 영상산업의 여러 분야 특히 후반작업 부문에서 활동하는 한국인 인력의 비율이 상당히 높다. 스캔라인VFX의 경우 캐나다 밴쿠버 본사 스태프의 5%가 한국인이다.

한국에서 시각효과나 그래픽 분야 일을 하다가 언어를 공부해 외국에서 직장을 잡은 경우가 많다. 언어 문제만 해결하면 한국 출신 스태프들은 업무에서 뛰어난 능력을 보이며 빠르게 성장하는 사례가 많다. 트로얀스키 스캔라인VFX 대표는 서울 스튜디오 개소식에서 "본사의 한국인 직원들은 뛰어난 실력과 눈을 가지고 있으며, 어떠한 일이 있어도 마감까지 일을 완성하는 높은 충성도를 보여주었습니다. 이를 자랑스럽게 생각합니다"라고 밝혔다. 한국인 직원의 능력이 만족스러웠기에 우수한 인력을 찾기 위해 서울에 스튜디오를 열 생각을 했다는 의미로 읽히는 대목이다.

스캔라인VFX 코리아를 책임지고 있는 홍성환 지사장도 충실한 한국인 직원 중 한 사람이다. 디자인을 전공한 그는 IMF 시기에 대학을 졸업했다. 그는 이 시기에 디자인 전공 졸업자가 찾을 수 있는 일자리는 '간판집'밖에 없었다고 회상한다. 새로운 일을 찾아 외국으로 떠났다. 학비를 알아보니 디자인 공부를 하기에 캐나다 동부 쪽이 비교적 저렴했다. 포토샵 같은 디자인 툴을 사용할 수 있어 학교에 다니면서 현지 신문사에서 편집 디자이너로 일하며 학비를 벌었다. 마침 룸메이트가 영상 후반작업을 하고 있었고, 룸메이트의 작업 결과를 보며 말을 거들다가 영상 후반작업을 해보라는 권유를 받았다고 한다. 관련 학원에 등록한 후 후반작업 아르바이트를 하며 포트폴리오를 만들었다.

처음에는 게임회사에 들어가고 싶었는데 기업에서 원하는 실력 수준이 너무 높았다. 그러자 '이왕 할 거면 한번 제대로 해보자'는 생각이 들어 포트폴리오를 담은 VHS(가정용 비디오테이프 영상 신호를 자기 테이프로 기록하고 재생하는 장치) 테이프 100개를 만들었다. 그리고 로스앤젤레스로 가서 영상 콘텐츠 회사에 뿌리고 다녔다. 현지에서 공부하고, 네트워크를 만들어야겠다는 생각으로 샌프란시스코에 있는 학교에 신입생으로 입학해 본격적으로 애니메이션이과 시각효과를 공부했다. VFX 합성 전공으로 학교를 마친 후에는 대학원에서 공부했고, 특수효과 분야로 취업을 했다. 루카스 필름에서 독립한 사람들이 만든 오퍼너지라는 회사에서 첫 인턴을 하던 중 봉준호 감독의 영화 〈괴물〉(2006)에 참여하게 되었다.

1~2. 스캔라인 VFX는 2019년 서울시와 업무협약을 체결했다.

본사의 한국인 직원들은 뛰어난 실력과 눈을 가지고 있으며,

어떠한 일이 있어도 마감까지 일을 완성하는 높은 충성도를 보여주었습니다.

이를 자랑스럽게 생각합니다.

기획 단계부터 영화 〈괴물〉의 성공을 좌우하는 결정적 요소는 '괴물'을 스크린에 어떻게 구현하느냐일 수밖에 없었다. 봉준호 감독은 〈반지의 제왕〉 시리즈를 작업한 웨타와 부분적인 협업을 거쳐, 오퍼너지와 함께 괴물의 시각효과를 완성했다. 시각효과를 위해 한국 제작사 쪽에서는 큰 예산을 할애했지만, 현지의 업체 입장에서 보자면 모자란 규모의 액수였다. 그 차이를 봉준호 감독 팀은 창의력과 노력으로 메꾸었고, 〈괴물〉은 성공했다.

오퍼너지와의 협업도 순조로웠다. 미국에서 완성된 작업물이 도착하면 감독이 수정 요구 사항을 영상으로 만들었고, 한국의 스태프들은 그 내용을 번역해서 미국으로 보냈다. 당시 오퍼너지의 인턴이던 홍성환 지사장은 영상 내용 중에 통역이 명확하지 않은 부분이 있으면 통역을 보충하기도 했다. 봉준호 감독이 오퍼너지를 방문했을 때도 통역을 맡았다. 홍 지사장은 이로써 회사에서 자신의 존재감을 부각시킬 수 있었고, 이후 실력을 인정받아 여러 편의 굵직굵직한 블록버스터 영화에 합성 부문 아티스트로 참여하게 됐다.

## 콘텐츠 시장의 다음 주자는 아시아

〈슈퍼맨 리턴즈〉(2006)와 〈아이언 맨〉(2008), 〈캐리비안의 해적〉(2017) 같은 영화를 하면서 홍성환 지사장은 경력을 쌓았다. 2011년에는 샌프란시스코에서 싱가포르 루카스 필름 지사로 이직했다. 때마침 루카스 필름이 싱가포르에 아시아 지사를 만들었던 것이다. 그곳에서 3년간 일한 후 같이 일하던 상사가 캐나다 밴쿠버에 있는 스캔라인VFX로 이직할 때 같이 회사를 옮기면서 2014년 10월부터 스캔라인VFX와 인연을 맺었다. 이후 스캔라인VFX와 일하며 잠시 루카스 필름으로 돌아가 〈스타워즈〉 시리즈와 〈쥬라기 공원〉 시리즈 작업을 했다.

스캔라인VFX가 한국에 지사를 내기 위해 준비를 하던 무렵, 스테판 대표에게 한국의 상황을 잘 설명하기에 홍성환 지사장만큼 적절한 인물이 없었다. 루카스 필름에서 싱가포르 지사 근무 경험도 쌓았던 터라 더욱 조건이 좋았다. 한국 투자와 관련된 프레젠테이션에도 참여하고 여러 과정에 관여하면서 자연스럽게 한국지사에 그의 자리가 만들어졌다. 아티스트로 일하면서도 영업 분야에 관심이 있었는데, 그에게 조직 관리와 운영 책임이 맡겨진 것이다. 회사의 사정에 따라 가족은 밴쿠버에 남고 혼자 한국으로 돌아오게 되었다.

홍성환 지사장은 여전히 합성 부문 아티스트로 일하고 있다. 스캔라인VFX에는 이런 광경이 매우 흔하다. 회사의 대표인 트로얀스키도 아티스트로 활동한다. 회사를 만든 소프트웨어 플로우라인의 개발자이자 세계적인 시각효과 스튜디오 대표이면서도 컴퓨터 앞에서 성실하게 일한다. 이런 모습을 직원들이 일상적으로 본다면 대표에게 존경심이 생기지 않을까.

홍 지사장은 세계적으로 화제였던 〈왕좌의 게임〉 시리즈의 용 장면이나 〈미드웨이〉(2019)의 전투 장면, 루카스 필름의 〈트랜스포머〉 시리즈 등에 합성 아티스트로서 참여했으며, 현재도 새로운 작업을 하고 있다. 글로벌 기업의 지사장이라고 했을 때의 이미지와는 사뭇 다른 모습이지만, 시각효과 회사의 특수성을 고려할 때 개인의 가능성을 존중해주는 조직의 장점이 돋보이는 부분이다.

홍 지사장의 경력은 할리우드를 중심으로 한 서구 영상콘텐츠 산업의 변화를 잘 보여준다. 아시아 인력들이 영미권 콘텐츠 기업에서 하청을 받아서 일했던 재래식 구조에서 벗어나, 능력 있는 아시아 스태프들이 직접 글로벌 기업으로 들어가 자신의 길을 개척했다. 그리고 그들이 보여준 능력은 아시아를 향한 인식의 전환과 관심으로 이어졌고, 영상산업의 미래를 고민하던 서구 콘텐츠 기업 사이에서 잠재력이 큰 시장으로 부상한 것이다. 몇 년 전부터 여러 서구 콘텐츠 관련 기업의 지사가 아시아에 들어오고 있다. 이러한 흐름을 보면 아시아를 단순한 콘텐츠 소비시장이 아니라 새로운 콘텐츠를 제작하는 지역으로 바라보고 있다는 사실을 발견하게 된다. 스캔라인VFX 코리아의 비즈니스 역시 이런 변화를 반영하고 있다.


## 스캔라인VFX가 한국에 온 이유

스캔라인VFX가 한국에 투자한 주요 요인은 한국의 우수한 인력 때문이다. 아시아의 몇 국가와 접촉하며 지사 설립을 알아보던 트로얀스키 대표가 때마침 밴쿠버의 코트라 쪽과 연결되었고, 직접 한국을 오가며 서울에 스튜디오를 열기로 했다. 본사에서는 한국지사를 밴쿠버 스튜디오 모델로 300명 정도의 규모로 키울 생각이 있으나, 아직 여러 조건이 여의치 않다고 한다.

영상산업에 관심을 가진 사람이라면 캐나다 영상산업이 비약적으로 발전한 데에 정책 후원이 있다는 사실을 잘 알고 있을 것이다. 오랫동안 미국이 전 세계 영상산업을 지배하며 모든 분야를 독점하다 싶이 했다. 우수한 인력이며 대형 회사, 관련 교육이 모두 할리우드와 뉴욕을 중심으로 자리 잡았다. 하지만 지금은 체계적인 지원을 바탕으로 많은 인력과 산업이 캐나다로 옮겨갔다. 스캔라인VFX만 해도 처음에 독일에 설립했지만, 미국 로스앤젤레스로 옮겼다가 지금은 캐나다 밴쿠버로 본사를 이전한 상태다.

캐나다는 몬트리올이나 밴쿠버의 영상산업에 막대한 규모의 지원을 아끼지 않는다. 큰 폭으로 세금을 환급해주고 기업에서 인력을 고용하면 인건비를 지원해준다. 직원 급여의 40~50% 정도를 정부에서 지원해준다고 한다. 영화의 경우 로케이션과 장비 지원, 대출 등의 금융 지원, 관련 교육까지 후원한다. 미국보다 저렴한 비용으로 고급 인력을 고용할 수 있으니 자연히 많은 영상과 게임산업 업체들이 캐나다로 옮겨간 것이다. 그 기업과 연계된 일자리도 풍부해 뛰어난 인력들이 다시 캐나다로 향하고 있다. 산업과 연계된 양질의 교육을 받을 수 있어, 애니메이션이나 영상산업에 흥미가 있는 세계의 젊은이들이 캐나다로 모여들었다. 청년 인력들은 직장을 잡고 세금을 내며 캐나다에 정착하게 된다. 영상산업 분야에서 모범이 되는 정책 지원이라 할 만하다. 외국 영상산업 관련 업체가 한국에 투자를 원한다면, 우리 정부나 지자체에서도 캐나다의 사례를 참고할 필요가 있다.

스캔라인VFX는 유능한 아시아권 인력을 겨냥해 한국에 투자했다.

요즘 중국 쪽에서 스캔라인VFX 코리아에 관심을 많이 보이고 있다고 한다. 중국은 얼마 전부터 빠른 속도로 영상산업이 성장하고 있고, 관련 자본 규모도 커졌다. 콘텐츠 후반작업에 투자할 자본 액수가 커지면서 할리우드 수준의 후반작업을 하고 싶다는 요구도 커졌다. 스캔라인VFX 본사로 접촉하고 있는 중국 콘텐츠도 있는데, 이런 작업들은 한국지사를 중심으로 진행할 계획이다. 중국과 시간대가 같고, 지리적으로 가까워서 클라이언트나 작업자 모두 만족해하는 분위기다. 스캔라인VFX 코리아가 중국 시장과 소통하며 중국 영상산업계로 진출할 가능성이 커졌다.

해외에서 영상 후반작업 부문에 일하고 있는 한국인 인력에 대한 현지 평가는 매우 긍정적이다. 일단 대부분 한국에서 입시 미술을 공부한 경험이 있어 시각적 표현력이 좋다. 언어 소통에 어려운 부분도 있지만, 핵심 부분을 확실하게 이해해 만족힐 만한 결과물을 만든다고 한다. 스캔라인VFX 내에서 급한 마감 작업물을 '911'이라 부르는데 대부분 이런 중요한 일을 한국 사람에게 준다고 한다. 100% 해낸다는 믿음이 있기 때문이다. 스캔라인VFX 코리아가 생긴 이후 본사 스태프들이 퇴근한 후 잠을 자는 동안 밴쿠버 본사와 시간대가 다른 한국 스태프가 그 일을 완성하는 식으로 일을 진행한다. 회사 입장에서 보면 24시간 인력풀이 가동되는 것이다.

트로얀스키 대표가 말한 대로 한국인 아티스트들은 '눈'이 좋다는 평가를 듣는다. 중국 쪽 아티스트 역시 역량이 뛰어난 사람이 많으나, 할리우드 팀의 요구를 맞추기 어렵고, 온라인에 자유롭게 접속하기 힘들다는 한계 역시 외투기업 입장에서 투자의 걸림돌로 작용했다. 한편, 일본의 경우 뛰어난 전문기술 인력은 많지만, 영상산업 부문에 정부 지원이 소극적이어서 해외 기업이 진출하기 어려운 면이 있었다. 그렇다면 콘텐츠 산업이나 영상산업, 시각효과 등에 관심이 있는 한국의 훌륭한 인력들을 어떻게 양질의 글로벌 일자리와 연결할 수 있을까?

영미권 영상산업 업체의 기업 문화는 자유롭고 개인을 존중하는 분위기다. 스캔라인VFX 코리아 역시 권위주의와는 거리가 멀다. 홍성환 지사장을 '지사장님'이라고 부르는 사람은 아무도 없다. 모든 직원이 이름에 '님'을 붙여 부르고, 본사의 대표나 부대표도 예외는 아니다. 이전 직장에서 받았던 대우를 어느 정도 인정하지만, 만약 신입 직원이 일을 더 잘한다면 그 직원을 리더로 내세운다. 대신 직원들은 계속해서 자신의 능력을 증명해 회사에서 필요한 인재로 살아남아야 한다.

회사의 경영 역시 본사나 한국지사 할 것 없이, 대표의 일방적인 판단이 아니라 여러 직원과 함께 의논하고 책임진다. 리더십에 관심이 없어도 능력이 있다고 평가받으면 회사에서 리더로 키운다. 회사의 근무 환경은 여유롭지만 평가는 냉정한 편이다. 한번 입사하면 연차에 따라 승진하는 방식이 아니다. 스캔라인VFX는 대표를 비롯한 임직원들 또한 계속해서 후반작업 그래픽 작업을 한다. 이 일은 프리랜서의 비중이 높다는 특수성이 있다. 작업에 따라 이 회사 저 회사를 자유롭게 오가기도 하고, 세계를 돌아다니며 쉬면서 일하는 사람들도 많다.

후반작업 산업은 관련 기술이 빠르게 발전함에 따라 나날이 성장하고 있다. 아직까지 특수 시각효과라고 하면 으레 녹색 배경 앞에서 촬영하는 것으로 알고 있지만, 그런 물리적 배경 대신 최근에는 LED 스크린의 버추얼 스튜디오에서 촬영한다. 로봇에 인공지능(AI)를 접목한 촬영 기술도 개발되었다. 영상산업은 끊임없이 신기술을 시험하고 있다.

이제 갓 1년을 넘긴 스캔라인VFX 코리아는 아직까지 본사의 물량을 넘겨받아 다시 보내는 형태로 일하고 있다. 앞으로 한국지사가 주체가 되어 계약이나 프로젝트를 진행할 예정이다. 회사의 규모를 확장하고, 점차 인력을 양성하는 사업도 진행할 것이다. 고급화된 VFX 기술로 아시아 영화 발전에 도모하며, 한국 임직원 고용을 계속해서 늘려갈 계획이다. 향후 R&D 인력을 고용하여 지속해서 기술을 개발할 계획도 있다. 이런 계획들은 빠른 속도로 변화하는 영상 콘텐츠 산업의 동향에 발맞춰 유연하게 진행될 것이다. 이제 한국에 진출한 지 얼마되지 않았지만, 지금까지 이뤄낸 성과를 김인할 때 앞으로의 발전도 기대되는 기업이다.

스캔라인VFX와 같은 기업의 성장은 개별 회사를 넘어 해당 지역의 여러 산업 발전과 긴밀하게 연결되어 있다. 독일 슈투트가르트에 스캔라인VFX 스튜디오가 있는 이유도 그 지역의 대학을 기반으로 뛰어난 개발자들이 많이 있기 때문이다. 한국 투자의 장점이자 유인 요소인 한국의 '우수한 인력'들이 각자의 능력을 펼쳐서 여러 산업과 상생하는 미래가 오기를 희망한다.

1. 스캔라인VFX 코리아의 아티스트들이 후반작업에 몰두하고 있다.
2. 스캔라인VFX 코리아 9층에 있는 미팅 룸.

# 您身边的银行!
# 可信赖的银行!

당신 곁의 은행, 믿을 수 있는 은행.

## 중국공상은행

1984년 1월 1일 설립된 중국공상은행은 중국에서도 최대의 고객층을 보유하고 있는 은행이다. 1992년 한·중 양국이 정식으로 수교한 이듬해 한국에 사무소를 개설한 중국공상은행은, 1997년 12월 한국이 외환위기를 겪고 있을 때 서울에 지점을 개점했다. 현재 서울지점, 부산지점, 대림지점, 건대지점의 4개 지점을 운영하고 있다. 2019년 말 기준 한국 내 총자산은 148억 달러 이상이고, 150여 명의 직원이 근무한다.

# 04

# 세계 넘버 원, 중국공상은행이
# 서울지점에 거는 기대

**글로벌 자산 규모 1위, 중국공상은행**

세계적으로 은행이나 금융 분야는 오랜 역사를 가진 서구권 국가가
주도한다고 믿는 경향이 있다. 경제에 조금만 관심이 있는 사람이라면
서구권 은행의 이름 몇 개 정도는 쉽게 떠올릴 것이다. 은행의 역사가
한때 세계를 주름잡던 제국주의 국가의 발전과 연관이 있어 당연한
생각일지도 모른다. 하지만 현재 글로벌 1위의 자산 규모를 자랑하는
은행은 서구의 유명 은행이 아닌 중국공상은행이다.

2019년 10월 영국 금융 전문지인 〈유러머니〉와 〈더 뱅커〉는 세계
최대 은행으로 중국공상은행을 선정했다. 〈더 뱅커〉가 전 세계 4,000

개 은행의 기본자기자본(Tier 1) 비율과 수익률 등을 기준으로 선정한 '2019년 전 세계 1000대 은행'에서 중국공상은행은 2019년 기준 기본자기자본 4,773억 달러와 순이익 479억 달러로 1위를 차지했다. 2014년 처음 1위에 오른 후 여러 해 동안 이 자리를 유지했다. 안정적인 실적과 성장세, 자금력, 세계적인 네트워크망 등에서 높은 평가를 받았다.

1984년 1월 1일에 설립된 중국공상은행은 중국에서도 최대의 고객층을 보유하고 있다. 중국 최고의 은행이자 세계 500강 기업이며, 미국 경제지 〈포브스〉 선정 '글로벌 2000 순위'(〈포브스〉 선정 세계에서 가장 큰 공기업) 중 1위 자리를 연속해서 차지했다. 중국에서는 '우주제일은행'(宇宙第一大行)이라 부른다. 참고로 중국의 5대 국유 상업은행은 모두 글로벌 500강 기업에 올라 있다. 금융계에서 중국의 영향력이 커지고 있다는 사실을 알 수 있다.

뉴젠쥔 중국공상은행 서울지점장은 독특하게도 금융과는 거리가 먼 항공기 설계를 전공했다. 그가 대학원을 마치고 대학에서 강의하던 당시, 중국은 정치가 덩샤오핑이 개혁개방 정책을 실현하던 중이었다. 그때 능력 있는 많은 젊은이들이 금융이나 경제 분야로 눈을 돌렸다. 뉴젠쥔 대표 역시 그런 젊은 세대 중 한 사람이었다. 부모님이 은행에서 근무한 영향도 있었다. 대학원에서 공부한 언어와 컴퓨터, 논리적 사고 등이 은행 업무에 도움이 되었다. 은행에서 일하던 첫해에 국가에서 시행하는 경제학 자격증을 따고 창구 직원부터 시작해 은행의 다양한 업무를 맡았다.

중국 내 여러 지점에서 지점장으로 일하던 중 국제 인력을 키우던 중국공상은행의 정책에 따라 미국에서 공부할 기회를 얻었다. 이후 베트남 하노이 지점, 캄보디아 지점 등에서 근무했고, 2016년부터 서울지점장으로 일하고 있다. 1995년 입사한 이래 경력의 반을 해외에서 보냈다.

중국공상은행은 국유은행이라는 한계에서 벗어나고자 해외로 시선을 돌렸다. 처음에는 아시아 지역에서도 후발 주자로 시작했으나, 글로벌 확장 전략을 세우고 강렬한 기세로 해외에 지점망을 세웠다. 이런 노력 끝에 현재 세계 1위 은행으로 거듭날 수 있었다.

중국공상은행은 2007년 무렵부터 전방위적으로 국제화를 추진했다. 여러 해외 은행의 지분을 인수하면서 국제화에 힘썼다. 현재는 금융에서 소외된 지역인 아프리카까지 진출해 남아프리카 스탠다드은행의 최대 주주가 되었고, 아프리카 18개 국가의 금융시장에 네트워크를 구축했다. 또한 외국계 은행 영업 허가 기준이 까다롭기로 유명한 호주에 진출해 8년 만에 은행 영업 허가를 받은 후 세계의 시선을 모으기도 했다.

중국공상은행 한국지사의 발전은 곧 한·중 수교의 역사이기도 하다. 1992년 한·중 양국이 정식으로 수교한 이듬해 한국에 사무소를 개설했고, 수교 이후 한·중 기업과 기관의 무역 투자 활동의 빈도와 거래량이 해마다 증가하면서 결제, 대출, 환전 같은 금융서비스를 향한 수요도 증가했다. 중국공상은행은 1997년 12월 한국이 외환위기를 겪고 있을 때 서울지점을 개설했다. 위기에 처한 한국이 다시 일어서리란 확신이 있었고, IMF 이후 한·중 국제 교역량이 늘어나리라 예상했다. 그만큼 한국 시장을 향한 굳건한 믿음이 있었기에 추진할 수 있었다. 이후 한·중 무역 투자 서비스와 중국공상은행의 글로벌 네트워크를 활용해 맞춤형 금융 솔루션을 제공하는 것을 목표로, 한·중 우호의 가교 역할을 했다.

뉴젠쿼 지점장은 한국 시장의 장점에 대해 이렇게 말했다. "한국은 OECD 회원국 중 가장 빠르게 발전하고 역동적인 국가이며 동시에 제조업 대국입니다. 또한 발달한 금융시장, 건전한 법치 환경, 풍부한 인적 자원, 투명한 시장, 공정한 법 집행, 적절한 세수 수준은 외국계 기업에 한국의 가장 큰 장점이라 할 수 있습니다."

특히 정부가 외자기업에 매우 관심을 가지고 최대한 많은 도움을 제공해준다고 덧붙였다. 중국공상은행 서울지점은 수익 전액을 한국 내에 유보하고 있으며, 최근 몇 년간 매년 6,000~7,000만 달러의 수익을 달성했다고 보고했다. 현재 서울지점, 부산지점, 대림지점, 건대지점의 4개 지점을 운영하고 있다. 2019년 말 기준 한국 내 총자산은 148억 달러 이상이고 150여 명의 직원이 근무하고 있다.

중국공상은행은 주식시장에서 A주(중국 본토 증시에 상장된 주식) 시장의 대표적인 대상기무(大象起舞) 종목으로 평가받는다. '대상기무'란 '큰 코끼리가 춤을 춘다'는 의미로, 대형주들의 주가 변동이 A주 전체 주가 흐름을 좌우할 만큼 영향력이 크다는 말이다. 중국공상은행은 여러 해 동안 A주 시가총액 1위 자리를 차지해왔다.

중국 베이징 복흥문내대로에 있는 중국공상은행 본점.

중국공상은행은 한·중 무역 투자 서비스와 중국공상은행의 글로벌 네트워크를 활용해

맞춤형 금융 솔루션을 제공하는 것을 목표로, 한·중 우호의 가교 역할을 했다.

## 한국과 상생하다

외국계 기업은 위험 요소를 관리해 투자해야 한다. 중국공상은행 서울지점 역시 본점의 '위험 선호도'(Risk appetite)에 따라 안전성·유동성·수익성을 고려해 한국에서 포괄금융, 글로벌 현금 관리, 외환거래, 결제 등을 포함한 전방위적 금융서비스를 제공한다.

그룹사 네트워크의 시너지를 활용해 한국 실물경제에 금융 지원도 한다. 기사를 검색해보면 중국공상은행이 한국 경제의 여러 방면으로 투자와 지원을 해온 사례를 쉽게 찾아볼 수 있다. 중국공상은행 서울지점의 경우 사업 현지화 수준이 80% 이상인데, 주로 우량기업과 계열사의 국내사업과 여러 프로젝트의 파이낸싱을 지원하며 한국 금융기관과 파트너십 강화에 힘쓰고 있다.

물론 중국공상은행 서울지점도 어려운 시기가 있었다. 다른 금융기관과 마찬가지로 1997년 아시아 금융위기와 2008년 글로벌 금융위기에서 모두 큰 타격을 받았다. 그와 더불어 뉴젠쥔 서울지점장은 본인이 한국에 온 이후의 가장 큰 위기로 코로나19 여파라고 밝혔다. 전 세계 경제가 심각한 타격을 입었고 소매, 항공, 호텔, 관광, 외식, 석유 등의 산업에 미친 부정적인 영향이 막대했다. 금리도 큰 폭으로 변화하는 등 금융시장도 크게 흔들렸다. "이 모든 환경이 서울지점의 위험 통제 능력, 특히 유동성 관리와 BCP(업무지속성계획)에 대한 실전 검증이자 스트레스 테스트였습니다."

예상하지 못했던 위기였으나 다행히 중국공상은행 서울지점은 한국 정부의 방역 지침을 엄격히 준수하고 즉시 통제해 재택근무를 했다. 인력자원, 시스템, 프로세스와 위험 요소 통제 조치에서 실효를 거두어 정상 운영할 수 있었으며, 직원의 안전과 고객의 만족까지 이끌어내 위기를 무사히 넘기고 있는 중이다.

뉴젠쥔 서울지점장은 중국공상은행이 지금까지 한국에 투자하면서 가장 자랑할 만한 업적으로 '사람'을 꼽았다. "중국공상은행이 서울지점에서 23년간 일하면서 손꼽을 만한 점은 한·중 양국의 임직원들이 서로의 문화를 이해하고 배우고 도와주며 재한 외은지점의 우수한 팀으로 성장해, 한국 기업과 금융기관이 중국과 세계 무대로 진출하도록 도와줬다는 점입니다." 숫자로 도출되는 결과만 중시할 것 같은 금융 분야에서도 국제 협업의 바탕은 역시 '사람'이라는 이야기다.

그는 한국이 중국인에게 친숙한 나라라고 말했다. 중국에서 큰 인기를 누린 드라마 〈대장금〉(2003~2004)을 자신도 처음부터 끝까지 몇 번이나 보았을 정도로 가족 모두 한국 드라마를 좋아했다고 한다. 〈대장금〉이 방영되던 무렵 중국은 당시 개혁개방의 물결이 거셌고, 뉴젠쥔 지점장은 개인적으로 '한강의 기적'이 중국 개혁개방의 롤모델이 될 수 있다고 생각했다고 한다.

뉴젠쥔 서울지점장에게 자신이 예상했던 한국과 현실의 한국의 차이점에 대해 묻자 조직 문화라고 답했다. 한국은 경제가 발전하고 민주화되어 사람들의 일하는 방식 역시 서구적일 것이라 예상했다고 한다. 그런데 막상 와서 보니 한국인들은 가정에서나 직장에서 예절을 중요하게 생각하고, 그 점이 중국과 매우 다르다고 말했다. "중국에서는 선배나 부모님이 젊은 사람에게 예의범절을 교육하려면 젊은 세대가 잘 받아들이지 않고 도전하는 경우가 많습니다. 그런데 한국인들은 앞 세대로부터 교육을 받고 전통을 지키려는 모습이 보였습니다."

## 미래를 준비하는 금융

금융 역시 사람에서 시작해 신용으로 이어진다. 이 사실은 21세기에도 변하지 않는다. 급변하는 세상에서 은행 역시 미래를 대비하지 않을 수 없다. 아니 오히려 세상의 변화보다 은행은 한 발짝 더 빨리 변해야 할지도 모른다. 모든 경우의 수를 예측해 준비한 은행만이 살아남을 수 있기 때문이다. 디지털 기술과 결합한 금융산업에서 중국은 '디지털 페이'를 다른 나라보다 조금 더 먼저 경험했다.

중국공상은행은 2020년 4월, 은행 업계 최초로 '블록체인 기술 응용'에 관한 백서를 공개했다. 해외 사례와 비교한 중국 블록체인 개발 동향을 담은 이 백서에 따르면 중국 내에서 블록체인 정보와 서비스 제공업체로 등록된 기업은 420곳이다. 이 중 72개 기업이 블록체인 기반 금융서비스를 제공하는데, 이 기업들이 120개 유형의 블록체인 금융서비스를 등록했다. 중국공상은행은 2016년부터 블록체인과 사물인터넷(IoT), 인공지능, 빅데이터 등을 통합한 연구를 했다.

블록체인뿐만 아니라 중국은 세계 최초로 중앙은행 디지털화폐(CBDC) 발행을 앞두고 있다. 중국 4대 도시에서 중국인민은행이 주도하는 디지털 위안화 시범사업을 진행 중이다. 중국 선전, 청두, 쑤저우와 슝안 등 4곳에서 디지털 위안를 시범적으로 사용할 수 있고, 디지털 화폐 관련 법안에 관한 작업도 진행 중이다.

중국공상은행의 경우 최근 몇 년간 전통 오프라인 금융 모델을 온라인으로 빠르게 전환했고, 현재 온라인 금융 업무가 차지하는 비중이 매우 높다. 디지털화를 기반으로 글로벌 네트워크를 확장하고 있다. 중국공상은행은 전 세계 49개 국가와 각 지역에 425개의 지점이 있다. 중국 주도의 실크로드 전략 구상인 '일대일로'(一帶一路)를 연계해 21개국과 각 지역에 129개 지사를 두고 있다. 일대일로는 2013년 시진핑 중국 국가 주석이 제시한 전략으로, 육해상 실크로드 주변 약 60개국을 아우르는 거대한 경제권을 구축하겠다는 구상이다.

뉴쥔젠 중국공상은행 서울지점장은 "핀테크 사업을 비롯해 본점에서도 과학기술 위주로 계속 발전하고 있다"며, "본사에서 사용하는 디지털 생태 시스템이 신기술로 날마다 업데이트되며 거기에 핀테크 기술도 적용됐다"고 말한다. 핀테크 기술을 활용한 고객 식별, 데이터 통합과 취합, 스마트 영업점이나 스마트 텔러 등의 기능을 포함한 시스템을 중국공상은행에서 사용한다. 현재 중국 내에서도 공상은행의 많은 영업점이 이와 같은 새로운 기술을 도입했으며, 향후 중국에서 디지털 화폐를 발행한다면 중국공상은행이 기술력을 바탕으로 선두를 달릴 것이라는 전망을 밝혔다.

자국이 아닌 해외에서 신기술을 적용하는 문제는 중국공상은행뿐만 아니라 외국계 금융기업 모두에 중요한 과제다. 개인정보 보호법이나 금융 관련 법과 제도를 비롯한 한국의 현실과 글로벌 금융 기술의 발전이 충돌하지 않으며 조화롭게 공존하는 방법을 찾아야 하기 때문이다. 한국 금융감독원을 비롯한 여러 관련 기관에서 이 문제를 진지하게 논의 중이며, 한국 내의 관련 업체 역시 시행착오를 겪으며 해답을 찾아가고 있다. 규제와 기술 발전 사이의 갈등은 비단 금융산업만이 아니라 앞으로 모든 나라와 산업을 망론하고 발생할 수밖에 없는 문제다.

뉴젠쥔 지점장보다 앞서 중국공상은행 서울지점장을 맡았던 한루이샹 지점장은 다음과 같이 인터뷰를 한 적이 있다. "해외에서 은행업을 한다는 것은 수갑을 차고 아름다운 춤을 추는 일과 같습니다. 여기서 수갑은 규제를, 춤은 영업을 뜻합니다." 한루이샹 전 지점장의 말에 따르면 은행의 해외 진출에서 가장 중요한 점은 영업력이나 자금 조달, 인지도가 아니라 리스크(위험 요소) 관리다.

강력한 영업적, 법적 규제가 있을 수밖에 없는 은행업에서는 나라마다 규제도 모두 다르다. 그래서 '게임의 룰'을 이해하는 것이 가장 중요하다. "중국에서는 은행 관련 관리 규정이 끊임없이 변하지만, 서구 시장은 제도적으로 안정 단계입니다. 중국공상은행은 해외에서 현지 기준에 모든 것을 맞추고 규제를 지키기 위해 글로벌 은행과 똑같이 행동했습니다. 단기간에 글로벌 스탠더드를 쫓아갈 수 있었던 비결이죠."

한루이샹 공상은행 전 서울지점장은 해외에 진출하는 은행이 저지르기 쉬운 실수에 대해 이런 말을 하기도 했다. "일반적으로 먼저 수익을 추구하고, 리스크 관리는 뒤로 미룹니다. 그러나 결국 그렇게 발생한 이익은 손실로 남게 마련입니다. 중국공상은행도 그 같은 경험을 많이 했습니다. 리스크 역시 비용이기 때문에 부담스럽겠지만, 모든 리스크를 컨트롤할 수 있다는 전제하에 궁극적인 발전을 모색해야 합니다." 중국공상은행은 디지털화라는 중차대한 과제에 있어서도 한국에 진출한 이후 지금까지 리스크를 관리해왔듯이 한국 현지 상황과 실정에 적응해 발전을 모색할 것이다. 한국의 금융 생태계와 서로 상생하며 긍정적인 결과를 낳기를 기대한다.

## 나누면 더욱 쌓이는 신뢰

외국계 기업의 투자는 항상 두 나라의 외교 관계에 크게 영향을 받는다. 중국공상은행 서울지점 역시 한·중 관계, 한·중 무역, 한·중 투자와 긴밀하게 연계되어 있다. 한국에 진출한 지 23년 동안 두 나라의 기업이 서로 협력해 오늘에 이르렀지만, 양국 관계의 변화는 언제든 비즈니스에 영향을 줄 것이다. 뉴젠쥔 서울지점장은 "제조업 강국인 한·중 양국은 세계 경제 성장의 중요한 엔진으로서 아시아는 물론 세계 경제 발전에 크게 기여하고 있다"면서, "투자와 무역에서 양국이 서로 협력해 상호 의존하고 발전해야 한다"고 말한다.

한국인에게 중국공상은행은 낯설지도 모른다. 한국 사람들이 이용할 수 없는 외국계 은행이라거나 중국 기업이나 중국 사업과 관련이 있는 사람들만 이용한다는 편견도 있다. 하지만 중국공상은행 서울지점은 한국에서 시중은행 인가를 취득해서 법인, 금융기관, 투자은행, 외환과 파생상품 거래, 송금과 결산 등의 금융서비스를 제공하고 있다.

기업금융뿐만 아니라 소매금융 역시 취급한다. 중국공상은행 서울지점은 영업 수익에서 한국 고객과 한국 현지 업무 비중은 80% 정도고, 주요 기업금융 고객 또한 한국계 기업이다. 소매금융은 일부 중국인 근로자와 유학생을 포함해 다수의 한국 고객이 예금, 송금, 외화 환전, 은행 카드 업무와 개인 대출 서비스를 이용하고 있다.

어느새 한국 경제의 일부분이 된 중국공상은행은 한국 금융시장의 특성을 어떻게 평가할까? 뉴젠쥔 지점장은 한국이 성숙한 금융시장, 투명한 시장, 엄격하지만 우호적인 감독, 선진적인 시장질서, 건전한 금융시스템을 보유하고 있다고 평가한다. 전반적으로 부실률이 매우 낮다는 것 역시 한국 금융시장의 특징으로 꼽았다. 중국공상은행 서울지점이 건전하게 발전할 수 있었던 데도 한국의 금융정책과 금융지원의 도움이 컸다고 덧붙였다.

"우수한 비즈니스 환경을 제공한 한국 정부에도 특별히 감사 인사드리고 싶습니다. 2020년 4월 한국은행은 팬데믹으로 긴장과 시장의 큰 변동 속에서, 빠른 통화 스와프로 시중은행에 달러를 공급하고 가격을 안정시켜 신뢰감을 회복해주었습니다. 저는 한국은행의 선제적인 조치에 감동했고, 이런 조치에 매우 큰 의의가 있다고 생각합니다. 금융감독원 역시 외국계 은행과의 간담회 자리에서 금융허브 구축에 대한 의견과 조언을 구한 바 있고, 중국계 은행과 자주 의견을 교환하며 가이드를 제공하고 있습니다."

중국공상은행은 한국 안에서 사회공헌활동 역시 중요하게 생각한다. 사회적 책임을 은행 경영 계획의 중요한 부분으로 삼고, 해마다 독

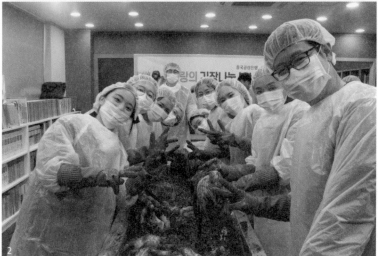

1. 2017년 서울 중구 저소득 가정을 후원하기 위해 '사랑의 희망상장 만들기 및 물품'을 전달했다.
2. 2019년 중국공상은행 직원들이 '사랑의 김장 나눔' 봉사활동을 했다.

2020년 1월 초록우산어린이 재단에 '코로나19 긴급지원' 1,000만 원을 후원했다.

거노인, 장애인, 어린이 등 지역사회 소외계층을 대상으로 한 사회공
헌활동을 해왔다. 직원들이 나서서 농촌의 일손을 거들거나 김장 봉사
같은 활동도 꾸준히 하고 있으며, 2020년에는 국내외 금융기관과 함
께 협업해 현대중공업과 그린론(Green Loan·친환경 분야로 대출금의 용도
가 제한된 대출) 계약을 체결하기도 했다. 코로나19 피해를 돕기 위해 대
한적십자사에 1억 원, 임직원과 함께 초록우산어린이재단에 1,000만
원을 기부해 방역 장비 구입을 지원한 일도 빼놓을 수 없다. 또한, 일
자리 창출을 하기 위해 노력하여 임직원의 현지화 비율이 82%에 달
한다. 매년 3,000만 달러 이상의 세금을 성실히 납부하고 있다. 이 부
분 역시 높이 평가되고 있다.

## 2021년 이후 중국공상은행의 계획

양국 경제 발전 단계에 따라 중국공상은행 서울지점의 형태도 조금씩 달라졌다. 1990년대에는 한국 상황에 맞춘 현지화로 성장했다면, 2008년 이후 중국 은행업계가 글로벌화하면서 서울지점 역시 내부 통제와 리스크 통제를 중심으로 업무를 진행했다. 베트남이나 캄보디아 지점의 경우 중국의 제도를 가져가 시작부터 엄격한 기준을 적용했으나, 서울지점은 그와 다른 형태로 발전했다. 책임감이 강하고 준법정신이 높으며 교육 수준이 높은 한국 직원의 특성 역시 중국공상은행 서울지점의 기업 문화를 형성하는 데 기여했다.

2021년 이후 중국공상은행 서울지점은 한국 내 실물경제 역량을 강화할 계획이다. 한국 기업의 해외 진출, 중국 관련 업무를 지원하며 한국 대기업의 글로벌 고객 매니저 역할로 전방위적인 금융서비스를 제공하고자 한다. 뉴젠쿼 서울지점장은 향후 한국과 중국의 경제 협력에 대한 바람을 이렇게 밝혔다.

"한국 기업이 중국에 진출할 기회가 많아질 겁니다. 현재 한국은 인공지능이나 5세대(5G), 하이브리드 자동차 산업 등에 관심이 많지 않습니까? 중국 역시 이 분야에 관심이 많습니다. 협력할 기회가 많으리라 봅니다. 또한 중국에서는 신재생에너지나 배터리 산업, 인터넷 기술, 고속철도 등에 관심을 가지고 이 분야를 발전시키려 합니다. 한국 기업이 중국에 많은 관심을 가져주시면 좋겠습니다. 한국의 도시계획이나 노동 관련 법률, 건강보험 체계, 감염병 예방 정책 등은 개인적으로 중국에서 배웠으면 하는 바람이 있습니다."

중국공상은행 서울지점은 현재 150여 명의 직원 가운데 한국 직원이 82%를 차지한다. 설립 이후 정부기관과 한국은행 등 금융기관을 대상으로 한 조사에서 여러 차례 수상할 만큼 (2020년 12월 포렉스 클럽 FOREX CLUB·외국환매매조작을 전문으로 하는 사적 사교기관 선정 올해의 딜러 FX SPOT 위안/원 부문 수상) 다양한 분야에서 높은 성과를 보여줬다.

서울지점의 직원들은 업무 능력이 좋고, 전문성이 뛰어나며, 기업에 대한 충성도가 높기로 유명하다. 연간 이직률은 약 5% 정도로 시장 평균을 밑돌고 있다. 그만큼 기업의 인사 정책이나 복리후생, 기업 문화가 한국인 직원들에게도 공감을 얻고 있다는 의미일 것이다. 중국공상은행은 업무 부서가 18개에 달하는 관계로 직원들이 많은 권한을 위임받는다고 한다. 젊은 세대가 자신의 재능을 더 빠르고 쉽게 발휘할 수 있는 근무 환경이라고 할 수 있다.

공상은행에서 일하는 한국 직원들은 다들 중국어 실력이 뛰어나다. 물론 배우기 쉬운 언어는 아니지만, 한자 문화권에 사는 한국인들에게는 상대적으로 접근이 쉬운 편이다. 중국 베이징에 있는 중국공상은행 본점의 직원들이 서울지점과 업무로 소통하면서 한국인 직원을 중국인이라고 착각하는 경우가 자주 있다고 한다.

한국은 글로벌 금융허브로 자리 잡기 위해 국가적으로 노력하고 있다. 앞으로 한국이 금융허브를 구축할 수 있을 것 같으냐는 질문에 중국공상은행 뉴젠쥔 서울지점장은 "글로벌 금융허브의 조건이 강력한 경제 기반, 안정된 정치 환경, 건전한 금융제도, 집중된 금융기관, 낮은 조세 부담, 정비된 인프라, 자유로운 인재 시장, 관대한 외환 통제,

적극적인 경제 부양책 등인데 한국은 이 조건 중 상당수를 이미 갖추고 있고, 앞으로 더 이상적인 환경을 조성하리라 확신합니다"라고 대답했다. 앞으로 양국이 조화를 이루며 금융산업을 발전시킬 수 있기를 바란다.

# 2

아시아 최고를 넘어
세계 최고로

소부장 산업

# 3M Science.
# Applied to Life.™

3M은 일상생활에 과학을 적용하여 삶을 향상시킨다.

## 한국쓰리엠

1977년 9월 한국에 진출한 후 1990년에 전라남도 나주에 공장을 지었고, 2006년에는 화성에 공장을 세웠다. 한국쓰리엠은 생활·의료·운송·전기·전자 분야의 소비재와 산업용 B2B 자재를 생산·판매하는 기업이다. 본사는 서울 여의도에 있고, 경기도 동탄 신도시에 기술연구소, 경기도 평택과 경상남도 양산에 물류센터를 지어 운영 중이며 현재 1,635명의 임직원이 근무하고 있다.

# 01

# 한국에서 통하면
# 전 세계로 통한다

**신뢰로 1만 7,000여 종 제품을 생산·공급하는 전천후 기업**

2021년 한국쓰리엠의 한국 나이는 45세다. 외투기업으로서는 보기 드물게 한국인 전 세대 소비자에게 친숙한 제조사로 신뢰를 굳혔다. 사람으로 따지면 친근한 이웃처럼 믿음이 가는 브랜드가 됐다. 한국쓰리엠은 한국 현지화에 성공한 대표 글로벌 기업이지만, 일반인에게 잘 알려지지 않은 사실도 있다. 전 세계 3M 제품만 총 6만여 종에 달하며 소비재보다 산업재 비중이 더 크다는 점이다. 한국쓰리엠이 "우리는 글로벌 기업으로 성장한 한국 기업의 든든한 파트너다"라고 당당히 말하는 이유이기도 하다.

'믿고 쓰는 제품'. 한국에서 소비자들에게 '3M'의 존재는 이 여섯 글자로 각인되어 있다. 진출 44년이라는 역사가 말해주듯 3M 제품은 생활 곳곳, 각 산업 분야에서 자리를 차지하고 있다. 너무 익숙해졌기 때문일까? 이 회사가 119년의 역사를 지닌 글로벌 기업이고 미국에 본사를 두고 있다는 사실조차 한국인들에겐 생소하다. 아이부터 어르신에 이르기까지 늘 그 자리에 있던 손에 익은 물건처럼 한국쓰리엠이 생산하는 다양한 제품을 일상생활 곳곳에서 찾아볼 수 있다.

3M은 1977년 9월 한국에 진출했다. 하지만 한국쓰리엠 자체적으로 본격 투자하고, 한국 시장에 정착한 시기는 13년 후인 1990년 전라남도 나주에 공장을 세우면서부터다.

당시 세계적으로 유명한 기업이었지만 한국 시장과 소비자를 사전에 충분히 이해하지 않고 진출하는 것을 자제했다. 국내기업과 합작법인 한국쓰리엠을 설립해 시간을 갖고 뿌리를 내리려 했다. 먼저 한국 문화와 시장, 소비자를 이해하고 유연하게 진출하기 위해서였다. 현지화를 제대로 하기 위한 꼼꼼한 계산이 숨어 있었던 셈이다. 그러고 보니 '돌다리도 두드리고 건너라'는 우리 속담을 그대로 실천한 경우라고 볼 수도 있겠다.

1996년 미국 3M사가 한국 합작기업의 지분을 전액 인수하면서 한국쓰리엠이 100% 3M의 자회사가 되었다. 한국 시장과 한국 기업 문화, 한국 직원에 대한 이해로 공존하는 방법을 충분히 숙지했다고 판단했다. 한국 시장과 소비자들에게 신뢰감을 주는 한국 법인으로 정착할 수 있다는 자신감이 생긴 것이다.

3M은 미국 본사를 비롯해 전 세계 70개국 현지법인에 9만여 명의 종사자가 일한다. 연간 매출 약 34조 원(2017년 기준)에 달하는 글로벌 기업이다. 오랜 기간 터를 내리고 다진 한국 시장에서 생산과 유통 규모 또한 크다. 2019년 기준 한국쓰리엠의 매출 규모는 1조 5,558억 원이며 이 중 수출은 2억 달러 정도다. 산업용 시장에서부터 의료·안전·광학필름·전자·자동차제조·건설·전력·통신시장·오피스 시장에 이르기까지 다양한 산업 분야에 제품을 공급한다.

1990년에 전라남도 나주에 공장 문을 열었다. 17만 3,175제곱미터의 부지 위에 6만 4,467제곱미터 공장이 들어섰고 이곳에서는 가정용 수세미, 의료용품, 산업용 테이프와 연마제 등 다양한 제품을 생산한다. 이어서 2006년부터 9만 3,888제곱미터 규모의 화성공장 DMSD 플랜트에서 BEF&D-BEF for LCD, VRC for AUTO를 생산하기 시작했다. 이듬해인 2007년에는 바로 옆에 PSD & AASD플랜트를 조성해 필터·마스크·자동차용 소음 흡입제를 생산했다. 이게 전부가 아니다. 한국쓰리엠의 사업망은 전국에 구축됐다. 서울 여의도에 본사를 두고 경기도 동탄 신도시에 기술연구소를 세웠으며, 경기도 평택과 경상남도 양산에는 물류센터를 지어 운영 중이다. 전체 고용 인원도 1,635명에 달한다.

2005년 화성·장안 첨단산업단지에 공장 건립을 확정하던 당시 한국쓰리엠은 "대형공장을 차질 없이 신속하게 착공할 수 있도록 도와준 한국 정부와 경기도의 노력에 감사하다"고 전했다. 또 "한국 정부와 고객사들의 기대가 큰 만큼 무거운 책임감을 가지고 있다"고 밝힌 바 있다. 이 공장은 한국쓰리엠과 고객사인 국내 대기업 모두에 매우 큰 효과를 가져다줄 중요한 생산 현장이었던 것이다. 결국 한국쓰리엠은 2005년 9월 화성에 공장을 가동한 후 대형 LCD용 필름의 경우 결함을 최소화하면서 물류비용을 절감했고, 운반 시간을 단축하는 등 세계 LCD 산업을 선도하는 국내 고객의 경쟁력 강화에 기여했다.

'3M'의 제품 목록을 들여다보면 놀라운 사실 한 가지를 발견한다. 생산하는 제품이 무려 6만여 종에 달한다는 것이다. 한국 시장에서는 현재 1만 7,000여 종의 다양한 제품을 생산하고 유통한다. 어떻게 이 많은 제품을 생산하고 판매할 수 있을까? 게다가 이렇게 많은 제품을 판매하면서 어떻게 고객의 신뢰를 쌓을 수 있었을까?

한국쓰리엠의 짐 폴테섹 대표는 1987년 미국 3M에 입사해 현재까지 34년째 재직 중이다. 3M 본사에서는 퍼스널케어(Personal care) 영업부 디렉터, 자동차 애프터마켓(Automotive aftermarket) 영업부 세일즈 및 마케팅 매니저, 생활용품 그룹 부사장 등을 역임했다. 폴테섹 대표는 3M그룹의 최고의 무기이자 노하우에 대해 이렇게 말한다.

"우리가 다품종의 수많은 제품을 만들면서도 고객에게 인정받는 데는 고도의 기술력으로 가장 좋은 제품을 만들기 위해 노력하기 때문입니다. 우리는 자체 제조 능력을 갖추고 직접 생산하는 제품 비중이 월등히 높습니다. 또한 전 세계에 어디에서든지 신뢰받을 수 있는 포트폴리오를 가지고 있습니다. 한국의 일반 소비자와 기업 고객에게 품질을 인정 받고, 브랜드 신뢰도를 쌓을 수 있었던 이유도 바로 여기에 있다고 봅니다."

전라남도 나주에 있는 한국쓰리엠 공장.

한국쓰리엠은 1990년 전라남도 나주에 17만 3,175제곱미터 부지 위에

6만 4,467제곱미터 공장을 지은 후 국내 제품을 생산하기 시작했으며

이곳에서는 가정용 수세미, 의료용품, 산업용 테이프와 연마제 등

다양한 제품을 생산한다.

경기도에 있는 동탄아시아연구소. 이곳에는 200여 명에 달하는 연구원이 일하고 있다.

## 글로벌 한국 기업 탄생에 한몫하다

소비자들은 딱히 누구라고 할 것 없이 기성비와 가심비(가격 대비 마음의 만족을 추구하는 소비 형태) 좋은 제품을 찾으려 한다. 국내 일반 소비자들에게 생활 관련 기업 이미지가 강한 것도 부인할 수 없는 사실이다. 용품걸이용 고리와 테이프, 가정용 에너지 절약 제품과 방충제에 이르는 홈케어 제품을 비롯해 업무 공간의 정리를 돕는 포스트잇(Post-it) 브랜드 제품과 치약, 의료용 밴드, 보호대, 의료용 테이프를 포함한 개인 위생 솔루션 브랜드 넥스케어(Nexcare)의 인지도가 높기 때문이다.

하지만 한국에서 한국쓰리엠은 일반 소비재보다 산업재를 더 많이 생산하고, 한국 산업계 발전에 기여한 바가 크다. 이요한 대외협력 이사는 그 결과를 단적으로 이야기했다.

"한국쓰리엠은 뛰어난 생산능력을 기반으로 한국 내수 시장뿐만 아니라 전 세계로 수출하는 선두 기지 역할을 하고 있습니다. 한국 시장에 진출한 후 무엇보다 만족스러운 점은 21세기 들어 한국 대기업이 글로벌 시장에서 경쟁력을 확보하고 시장점유율 우위를 차지하는데 일조했다는 것입니다. 생산거점지 한국이 아니라 한국 기업과 한국 경제와 함께 성장한 파트너였다고 생각합니다."

실제로 연간 1조 5,000억 원이 넘는 한국쓰리엠 매출 2분의 1 이상이 운송과 전기 전자산업용 B2B 자재 사업에서 발생한다. 쉽게 말하면 스마트폰 한 개에 2,000원, 자동차 한 대에 2만여 원의 소재 비용이 한국쓰리엠에서 발생한다는 의미다. 특히 전자산업 분야에서 국내 대기업의 성장에 견인차 역할을 했다는 점을 빼놓을 수 없는 자랑거리로 여긴다.

2000년대 들어 세계 전자 업계는 평면 디스플레이로 전환되면서 LCD 기술 경쟁이 치열해졌다. 그 무렵 한국쓰리엠은 빛의 밝기를 높이는 BEF 필름을 개발했다. 삼성과 LG에 먼저 다가가 제안했다. 이를 계기로 2006년 과감히 투자해 화성공장을 건립하고, 4K, 8K 초고화질 TV 생산에 필요한 필름을 고객사에 공급했다. '일찍 일어나는 새가 벌레를 잡아먹는다'는 격언처럼 미리 준비한 기술 연구 덕분에 한때는 BEF 필름만으로 월 450억 원의 매출을 달성하기도 했다.

## 스마트한 소비자뿐만 아니라 인재 뱅크도 역시 한국

기업의 역사는 누구보다 실제 현장에서 일한 임직원의 말을 통해 정확히 알 수 있다. 30년 전인 1991년 3월 한국쓰리엠에 입사한 민승배 Asia R&D 디렉터가 걸어온 길은 곧 한국쓰리엠의 역사를 대변하는 일이기도 하다.

그가 케미컬 연구원으로 입사할 당시 국내 시장에서 한국쓰리엠의 주력 제품은 '오버헤드 프로젝터'(OHP·Overhead Projector)였다. 슬라이드에 인쇄돼 있는 문서의 화상을 확대해 사용자 뒤에 있는 화면에 투영하는 장치로 빔프로젝트가 등장하기 전에는 학교 수업 시간에 꼭 필요한 장비였다. 한국쓰리엠은 이 장비와 필름을 직접 생산했고, 연간 400억 원대 수준의 매출을 기록했다. 현재 아시아 센터로 주목받는 연구소 또한 공장 내 한 부서에 불과했다.

"입사 당시 연구원이 11명이있습니다. 그해 11월에 연구소로 독립했으니까요. 아시아권에서는 일본·싱가포르·대만·홍콩에 이어 진출한 국가가 한국이었습니다. 하지만 1990년대 이후 본격적으로 과감히 투자했고 한국 시장의 규모가 커졌습니다. 지금 한국쓰리엠의 동탄 아시아연구소에는 연구원만 200명에 달합니다. 흘러온 시간도 시간이지만 한국 시장에는 나름 한국쓰리엠의 성장을 주도할 만한 확실한 요소가 있었던 거죠."

외투기업이 한국 시장에서 매력으로 느끼는 공통분모는 '한국 소비자들은 매우 스마트하다'는 점이다. 한국 소비자들은 제품의 기술력과 마케팅 변화에 매우 민감하며 즉각 반응한다. 오히려 글로벌 시장의 흐름보다 한발 앞서간다는 평가를 받는다. 선도적인 기술력을 주도 하는 한국쓰리엠 입장에서 이 같은 한국 시장과 소비자들의 성향은 매우 매력적인 요소였다.

민 소장은 한국쓰리엠의 성장과 현지화 성공에는 두 가지 요인이 있다고 말한다. 바로 한국 기업의 역동성과 인재 파워다. 지난 40여 년 한국 기업의 성장과 변화는 좀처럼 보기 드문 사례였다. 대기업은 글 로벌 기업으로 성장했고, 중소기업은 기술력을 쌓았다.

한국쓰리엠은 국내기업에 다양한 자재를 공급하면서 동종 업계 기 업과 경쟁도 했지만, 많은 중소기업과 기술·인적 교류도 했다. B2B 시 장의 경우 대기업 성장에 일조했으며, 중소기업의 경우 벤치마킹할 동 기를 부여하는 등 한국 산업 발전에 도움을 주면서 자사도 함께 성장 할 수 있었다고 말한다.

한국 시장의 또 다른 강점은 두말할 나위 없이 우수한 '인재 뱅크' 를 꼽는다. 3M그룹의 최고경영자 마이클 로만 회장도 한국쓰리엠 대표 를 지낸 인물이고, 여러 차례 부회장 자리에 한국쓰리엠 출신이 재임 했었다. 한국 출신 임직원들 또한 미국 본사를 비롯해 현재 세계 곳곳 에서 활동 중이다.

민 이사 또한 미국중앙연구소 연구원 기술총괄책임자로 일했고, 두 바이 중동아프리카연구소장직을 맡기도 했다. 그래서일까? 3M 본사에 서는 한국을 '인재 배출의 전당'이라 부른다고 한다. 한국인 직원들은 다른 나라 직원들보다 장기 근속자가 많고 생산성이 높은 것으로 평가 받는다. '나'보다는 '우리'를 중시하는 한국 조직 문화 덕분에 팀 성과가 높은 것도 다른 나라에서 찾아보기 힘든 강점이다.

물론 아무리 우수한 인재가 많아도 기업 자체에서 인재 육성을 잘 하지 못하면 구슬이 서 말이라도 꿰지 못할 것이다. 민 이사는 한국쓰리엠에 30년 장기 근속한 자신이 산 증인이라며, 끊임없이 도전할 기회를 주는 회사의 차별화된 인사 시스템을 소개했다.

"늘 연구소에서만 일했습니다. 하지만 지루하다는 생각이 들지 않았어요. 어쩌면 그럴 틈이 없었다는 말이 맞을 겁니다. 그동안 회사 내에서 무려 여섯 번의 직무 변화가 있었으니까요. 화학 분야 10년, 자동차 소재 5년, 부직포와 마스크 분야 4년, 전기·전자 4년, 이런 식으로 전 분야를 두루두루 접했습니다."


## 반도체·전기자동차 시장 R&D와 생산에 확대 투자

한국쓰리엠의 한국 시장을 향한 관심은 44년이 지난 지금도 여전히 뜨겁다. 매년 한국 경제성장률의 2배가 사업 목표일 정도로 앞으로도 지속해서 한국에 투자할 전망이다. 특히 코로나19 상황 속에서 한국의 높은 기술력과 생산력, 빠른 시장 대응력이 입증되었기 때문에 한국에 적극 투자할 가치가 있다고 말한다.

최근엔 부문별 제품 역량을 키우고 전자상거래를 강화해 목표를 달성하려는 계획하에 2019년까지 전자상거래 비중을 매출의 10%까지 끌어올렸다. 한국 시장에서 소비자들의 마음을 읽어야 성장할 수 있다는 것을 잘 알고 있기에 다양하게 소비자의 수요를 파악하고 있다.

2020년 들어 안전·의료 분야에 집중 투자했다. 한국 시장에서 안전 관련 소비재와 의료 분야가 빠른 성장세를 보이고 있다. 한국쓰리엠은 자사의 기술과 제품이야말로 안전과 의료에 대한 소비자의 필요를 충족시킬 수 있다고 판단했다. 특히 방진 마스크 등 산업용 마스크와 의료용 마스크 생산에 투자한 것이 돋보인다.

한국쓰리엠은 정전기를 이용한 미세먼지 필터링과 통기성과 관련해 선도적인 기술력을 확보하고 있다. 이에 따라 2019년 하반기에 화성공장에 보건용 마스크 생산을 위한 8개 생산라인을 증설했으며, 2020년 상반기부터 생산에 들어갔다. 또 한국 소비자가 환경에 우려를 많이 하는 점을 감안해 차량용 필터와 건물 환기 필터를 지속해서 개발할 계획이다.

한국 시장을 향한 투자 전략을 세울 때 장기적인 안목으로 바라보았다. 무엇보다 R&D 능력이 뛰어난 한국 토종 글로벌 기업이 적지 않은데다, 중소기업 중에서도 '글로벌 넘버 원'을 향해 달리는 강소기업이 많은 점이 한국 시장의 강점이라고 말한다. 특히 전기차 배터리, 수소연료전지, LNG선박, 디스플레이, 5G 등의 최첨단 분야에서 한국 기업이 세계 시장을 선도하는 기술력을 가지고 있다고 평가한다.

한국쓰리엠이 주목하는 분야는 반도체와 전기자동차 시장이다. 전 세계 거점 연구소로서 한국의 연구소 R&D 능력을 집중해서 키우는 한편 생산 또한 그에 맞춰 확대하겠다는 전략이다. 경영진들은 '한국에서 통하면 전 세계에서 통한다'는 믿음이 확고하다. 그간 걸어온 것처럼 앞으로도 한국 기업과 동반 성장을 지속할 계획이다.

폴테섹 대표의 말은 한국 시장을 향한 3M의 신뢰를 대변한다. 2020년 1월에 3M 아시아 대외협력 총괄 사장 및 한국법인장으로 부임한 그는 한국 생활을 하면서 느낀 점을 이렇게 밝혔다.

"한국에 부임하기 전부터 알고 있었지만 막상 한국에서 생활하니 높은 IT 기술력과 빠른 통신망 수준이 놀라울 정도입니다. 한국인의 높은 교육열과 IT 기기와 스마트폰 등 최첨단 장비에 대한 이해도와 기술력은 세계 최고 수준이죠. 어디 그뿐입니까. BTS가 주도하는 한류 추세만 보더라도 한국이 품고 있는 잠재력이 대단하다는 것을 다시 한 번 느끼고 감탄했습니다."

그는 또 높은 과학·의료·IT 기술력을 기반으로 발 빠르게 코로나를 진단하고, 치료하며 방역하는 모습을 보고 놀랐다고 전했다. 한국보다 선진국 반열에 먼저 도달한 국가에 기술력과 K-방역 대책을 알려주는 모습을 보면서 자신이 한국쓰리엠의 대표이자 한국 사회 구성원으로 일한다는 점에서 자부심을 느낀다고 고백했다.

한국 정부는 국내 진출 외투기업 중에서도 역사와 현지화 규모 모든 면에서 상위에 있는 한국쓰리엠이 회사 차원에서 전하는 메시지에 귀를 기울여볼 필요가 있다. 회사는 주한미국상공회의소(AMCHAM)의 주요 멤버로서 폴테섹 대표는 이사회에 재임 중이다. 그는 기획재정부, 산업통상자원부, 환경부 등과 함께 정책 변경과 기업 투자 환경에 대한 긴밀한 논의를 하는 등 적극 활동을 하고 있다. 폴테섹 대표는 다음과 같이 말했다. "외국기업과 국내기업을 아우르는 기업의 의견을 수렴하는 창구가 더 많았으면 합니다. 또 기업의 의견에 지속해서 많은 관심을 가져주시면 좋겠습니다."


## 마음으로 오래 함께할 성장 파트너

1902년부터 지금까지 3M의 성공 공식은 한결같다. 제품, 사람 그리고 브랜드 혁신과 끈기를 우선순위로 둔다. 3M의 비전은 "일상생활에 과학을 적용하여 삶을 향상시킨다"이다. 이 말에는 글로벌 시장에서 고객 중심의 경영철학을 펼치고 지속해서 투자하겠다는 의지와 기업의 사회적 역할 또한 충실하겠다는 약속이 내포돼 있다.

2020년 10월 한국쓰리엠은 대한민국사회공헌재단과 한국서비스산업진흥원이 주최하는 제15회 대한민국사회공헌대상 및 대한민국 CSR경영대상에서 국회의장상을 받았다. 또 산업통상자원부에서 에너지 대상을 받기도 했다. 그간 한국에서 사업을 하면서 일자리 창출에 기여했으며, 적극적인 투자로 산업의 성장을 이끌었고, 건전한 기업으로 사회적 책임을 다하기 위해 애써온 점을 인정받은 것이다. 자사가 직접 기획해 2002년부터 19년간 '3M 사이언스 캠프'를 진행했으며, '나눔과 기부 매칭 프로그램'을 운영했다. 무엇보다 직원의 사회봉사를 대표 활동으로 꼽는다.

'3M 사이언스 캠프'는 한국의 과학 영재 육성과 국내 과학 기술 발전에 기여하고자 2002년부터 매년 개최하고 있다. 2020년까지 총 1,600여 명의 학생이 참석했다. 전국 중학교 1~2학년 100명을 대상으로 진행한 '제17회 3M 청소년 사이언스 캠프'는 2020년 초 모집했으

1. 코로나19 치료제 연구를 위해 서울대와 한국쓰리엠이 자선 기금 협약을 맺었다.
2. 나주공장에서는 사회공헌활동으로 이화영아원에 물품(마스크, 손세정제, 항균티슈 등)을 기부했다.
3. 2020년 11월 나주공장 사회공헌단이 봉사활동을 마친 후 플래카드를 들고 사진을 찍고 있다.

나 코로나19로 2021년 1월 18일에서 22일까지 비대면 온라인 형태로 실시했다. 학생들이 인문·사회·과학 기술에 대한 기초 소양을 쌓아 인문학적 상상력과 과학 기술을 바탕으로 창의성을 갖춘 창의·융합 인재로 성장할 수 있도록 독려한다. 또한, 포스트코로나 시대에 대비해 새로운 미래사회에 적응하는 글로벌 인재 양성에 중점을 두고 과학 교육을 장려한다는 계획을 세웠다. 내일의 세계 무대 주인공이 될 한국의 청소년이 그 대상이라는 점에서 캠프의 의미가 더욱 크다고 할 수 있다.

나눔과 기부 매칭 펀드 프로그램 역시 한국쓰리엠만의 색다른 방식으로 진행했다. 3M그룹 마이클 로만 회장이 한국쓰리엠 대표로 재직 중이던 2007년 프로그램을 처음으로 도입했다. 현재까지 13년간 이어져 내려왔다. 직원들이 급여의 일부를 매달 기부하면 회사가 동일한 액수를 1대 1로 추가해 기부금을 지원해주는 프로그램이다. 전 직원에게 사회적 책임을 다하는 리더가 되자는 메시지를 전달하는 셈이다. 비정부기구(NGO)에 매달 지원하며 기부금은 저소득층 가정과 학생들에게 재정 지원을 하거나 지역사회 돌봄센터나 보육원 등의 기관에 후원한다. 2007년만 해도 외국기업의 사회 기부 참여율이 높지 않았다.

한국쓰리엠의 사회적 관심은 사업장이 자리 잡은 서울, 동탄, 화성, 평택, 나주 지역 직원들의 봉사활동으로도 꽃피우고 있다. 회사에서는 자원봉사 활동에 필요한 기금을 지원해 직원들이 도움이 필요한 이웃을 위해 다양한 활동을 하도록 유도한다. 2017년에는 임직원 1,500여 명이 봉사활동에 참여했다.

한편 2019년 8월에는 서울대학교에 코로나19 연구비를 지원해 주목받기도 했다. 3M은 전 세계 우수한 교육기관에 코로나19 치료와 백신 개발에 중점을 둔 연구 프로그램을 지원하기 위해 500만 달러 상당의 공익 연구기금을 조성했고, 아시아 지역에서는 유일하게 서울대학교 약학대학 정낙신 교수에게 40만 달러의 연구비를 지원했다. 정낙신 교수는 핵산유도체를 활용한 바이러스 치료제를 개발하고 있다.

폴테섹 한국쓰리엠 대표는 "3M은 지역사회 삶을 개선하기 위해 지원하는 것을 중요한 가치로 여깁니다. 서울대학교에 지원함으로써 코로나19 국제 연구에 기여하고 환자들의 회복을 돕고자 합니다"라고 말했다. 아시아 R&D 리더인 크리스도 "우리는 서울대학교 연구 진행과 성과를 관심 있게 바라보고 인류의 삶의 질을 향상시킨다는 공동의 목표를 중시할 깃입니다"라고 전했다.

3M은 '발명을 멈추지 않는 글로벌 과학 기업'임을 표방한다. 하나의 아이디어가 또 다른 아이디어와 결합해 발전하고 결국 이러한 방식으로 전 세계의 문제를 해결해 모든 인류의 삶을 향상시키겠다는 의지다.

한국쓰리엠은 '한국 고객의 성공을 통한 성장'을 목표로 지난 44년간 고객의 잠재력까지 만족시키는 독창적이고 혁신적인 해결안을 제시해왔다. 특히, 전기·자동차·조선 분야를 선도하는 한국 우수 기업과 긴밀한 관계 속에서 혁신 제품과 기술 솔루션을 공급해 성장해왔다.

한국쓰리엠은 한국 시장뿐 아니라 아시아 시장으로 공급하는 제품의 제조 시설을 경기도 화성과 전라도 나주에서 가동하면서 제품을 생산·공급하고 있다. 지속적인 생산 설비 투자로 고용을 확대해나가는 한편 지역사회 활동으로 사회공헌활동에 적극 참여하는 사실에 큰 자부심을 느낀다.

코로나19가 지속되고 있는 상황에서도 정부의 그린 뉴딜정책에 따른 새로운 시장에 필요한 연구 인원과 설비 투자, 글로벌 ESG(기업의 비재무적 요소 환경·사회·지배구조를 뜻하는 말) 전략을 한국 시장에 실천하고 있다. 이와 같은 한국쓰리엠의 목표가 지속 가능한 성장으로 이어지기를 바란다.

# We bond people, ideas and elements to reinvent progrss

사람, 아이디어 및 요소를 결합하여 진보를 재창조합니다.

## 솔베이 코리아

1975년 한국에 진출한 이래 비행기와 자동차, 스마트폰과 치약에 이르기까지 산업계에 필요한 다양한 복합 소재와 특수 폴리머를 공급하는 화학 전문 업체다. 현재 군산공장과 이화·솔베이 연구센터를 비롯해 국내 6개 사업장에 500여 명의 임직원이 일하고 있다.

# 02

# 두 바퀴 자전거처럼
# 함께 성장을 향해 달리다

**글로벌 매출 7% 신화 솔베이 코리아의 저력**

자전거는 두 바퀴가 같이 돌아야 달릴 수 있다. 멕시코 국적인 정밀화
학글로벌사업부 로드리고 엘리존도 대표와 솔베이 코리아 서영훈 대
표는 자전거로 633킬로미터를 달렸다. 두 CEO의 자전거 국토 종주는
1975년부터 지난 45년간 자전거의 두 바퀴처럼 함께 달려온 솔베이와
한국 경제의 동반 성장을 상징한다. 64개국 중 글로벌 매출 7%를 차
지하는 솔베이 코리아의 저력은 과연 어디에서 나오는 것일까.

솔베이 코리아가 한국에 터를 내린 지 45년이 되었다. 반세기에 조
금 못 미치는 시간이다. 결코 짧은 시간이 아니다. 사람도 함께한 시간

이 이쯤 되면 절친한 벗이 된다. 현재 한국 시장에서 솔베이 코리아의 자존감과 입지는 경제 강국으로 성장한 한국과 동반성장을 한 참 좋은 파트너라고 해도 과장이 아닐 것이다.

1970~1990년대 한국이 일군 경제 성장은 그야말로 눈부셨다. 1975년은 한참 경제 성장의 페달을 밟아 속도를 내던 때였다. 전쟁이 남긴 폐허의 아픔과 보릿고개를 딛고 일어서 국토의 남북을 가로지르는 고속도로가 개통되고, 쌀 수확량이 늘면서 막걸리 제조가 허용됐다. 고무신 대신 운동화와 구두를 신는 사람들이 늘어나고 있었다. 지금은 중견 기업으로 성장한 기업들이 앞다투어 제조업 시장에 문을 두드릴 무렵 솔베이는 아시아에서의 생산 기지를 한국에 마련하고 동북아 시장에 첫발을 내디뎠다. 외투기업 그것도 유럽 회사가 한국 시장에 진출한 것은 손가락에 꼽을 만큼 발 빠른 일이었다.

솔베이 코리아는 인천에 처음으로 공장을 세웠다. 당시 운동화와 구두의 고무창에 주로 사용되던 합성 실리카를 생산했다. 산업화 물결 속에 도시 인구 유입이 많이 늘어나던 시절이었다. 1980년대 들어서면서 자동차 산업의 발전과 함께 타이어 제조 등 실리카의 활용 범위가 점차 넓어졌고, 한국의 첨단 화학기술이 발전하면서 솔베이 코리아의 규모도 커졌다. 솔베이 코리아는 한국 정부와 화학 관련 국내기업들과 함께 성장을 도모하는 상생 파트너였던 셈이다.

'SOLVAY'(솔베이), 일반인에게는 다소 낯선 이름이다. 일반 소비재를 생산하는 기업이 아니기에 그럴 수밖에 없다. 솔베이 코리아는 비행기와 자동차, 스마트폰과 치약에 이르기까지 산업계에 필요한 다양한 복합 소재와 특수 폴리머(Polymer·고분자량 화합물)로 지속 가능한 이동성, 경량화, 이산화탄소, 에너지 효율성을 위한 솔루션을 공급하는 기업이다. 산업계에서는 누구나 다 아는 화학 전문 업체다.

특히 한국에서 솔베이의 스페셜티 폴리머스 제품은 '플라스틱 계의 귀한 몸'으로 불린다. 그만큼 제품의 품질과 그에 따른 명성이 업계 최고라는 뜻이다. 이 제품들은 자동차, 항공, 반도체, 2차전지, 수 처리 그리고 의료기기 부품 또는 생산 공정 요소에 필수적으로 사용된다.

솔베이 스페셜티 폴리머스는 세계 유수의 경쟁사들보다 다양하고 특수한 제품군을 가지고 있으며, 오랜 노하우와 숙련된 기술영업 인력이 고객의 요구에 적극 대응한다. 이러한 노력으로 지난 10년간 대한민국의 성장 산업인 자동차, 반도체, 2차전지 분야와 함께 꾸준히 성장했다. 향후에는 고기능연료전지, 전기자동차, IT, 의료기기, 5G 기술 등 새로운 분야에서 성장도 기대되는 기업이다.

벨기에에 본부를 두고 있는 솔베이는 157년의 오랜 역사를 지닌 글로벌 기업이다. 1863년 에르네스트 솔베이가 설립한 이래 현재 64개국에 115개 지사와 약 2만 4,000명의 직원을 거느린 세계 유수의 화학 소재 기업이다. 창업자 솔베이는 유리를 만드는 원료인 소다회 공법을 발견해 솔베이를 창업했고, 소다회를 상용화해 기업가 정신으로 세계 최초의 다국적 기업을 만들었다. 그는 1911년부터 '솔베이 회의'를 개최했는데, 그 자리에는 아인슈타인, 퀴리부인 등 당시 유명한 물리학자들을 초청했다고 전해진다. 이 회의는 지금도 3년마다 개최된다.

대학을 졸업한 후 30대 초반에 솔베이에 입사해 25년째 재직 중인 서영훈 대표는 솔베이 코리아에 대해 다음과 같이 말했다.

"솔베이의 사업은 기초 원자재 생산에서부터 오늘날 최첨단 과학 기술 개발에 이르기까지 한국 산업 발전의 역사에 고스란히 투영되었습니다. 한국 시장에 진출한 이래로 삼성, 엘지, 현대, 한국타이어, 효성 등 굴지의 대기업뿐만 아니라 전문 기술을 보유한 다양한 중소기업과도 오랜 시간 파트너십을 쌓았죠. 그래서인지 본사 일함 카드리 CEO를 비롯한 경영진이 한국을 소중한 파트너로 여기는 마음이 더욱 각별한 것 같습니다."

사실이다. 지난 2019년 벨기에 국왕 부부가 방한했을 때 일함카드리 회장은 3박 4일간 국왕 일정에 동행했다. 벨기에 국왕이 참석한 '한국-벨기에 비즈니스포럼'에서 혁신적인 성장에 관해 발표했고, 한국의 젊은 사회적 기업가를 만난 자리에서는 한국과 벨기에 양국 사회의 생태계 혁신에 관한 얘기를 나눴다. 한국에 정착한 지난 세월만큼 한국 정부와 기업의 관계가 결코 가볍지 않다는 의미다.

솔베이는 그간 경쟁력 제고를 위해 신흥 시장의 수요에 맞춰 끊임없이 적응하면서도 한국 현지화 사업도 성공적으로 운영했다. 시장이 요구하는 변화를 제대로 감지하고 수용하는 것만이 유일한 방법이라고 믿었기 때문이다.

솔베이 코리아는 인천에 처음으로 공장을 건립한 이후 전라북도 군산으로 이전해 최첨단 설비 생산라인으로 재구축하고 규모도 확대했다. 이러한 노력은 한국 시장에서 우수한 성과로 나타났다. 2019년 기준 솔베이 전 세계 매출의 7%(2억 9,700만 유로)에 달한다. 시장점유

전라북도 군산 새만금산업단지에 설립한 솔베이실리카코리아.

2016년 군산 새만금산업단지에 설립한 솔베이실리카코리아는

환경과 사람을 생각하는 기업으로 성장하고 있다.

혁신 공정 기술을 도입한 공장으로서 생산량의 55%를 해외에 수출해,

연평균 1,960억 원의 생산 유발 효과와 2,040억 원의 수출입 효과를 내고 있다.

율이 꽤 높은 편이다.

2016년 군산 새만금산업단지에 이전한 솔베이실리카코리아는 환경과 사람을 생각하는 기업 이미지로 성장하고 있다. 실리카는 '화학제품의 소금'이라 불리는 소재로 타이어 마모 저감, 치약, 식품, 의료 등에 쓰인다. 이곳에서 생산되는 타이어의 실리카 소재는 국내 최초로 고무 대신 실리카를 적용해 연비를 절감하는 '그린타이어'를 탄생시켰다. 또 치약에 활용되는 소재는 불소의 활성도를 높여서 충치를 방지하는 등 구강 보건에 기여한다.

혁신 공정 기술을 도입한 공장으로서 생산량의 55%를 해외에 수출해, 연평균 1,960억 원의 생산 유발 효과와 2,040억 원의 수출입 효과를 내고 있다. 이렇듯 솔베이는 장기적으로 친환경 이동 수단 개발에 기여할 것으로 기대되는 기업으로 주목받고 있다.


## 글로벌 기업 최초로 이화여자대학교와 산학협력을 하다

솔베이는 1975년 아시아 진출 당시 중국도 일본도 아닌 한국을 가장 먼저 선택했다. 50여 년 전 당시 아시아를 보면 중국은 낙후되었고, 일본에 견줘 한국은 역동적이었다. 한참 한국 경제가 성장하던 시기였으니 솔베이가 인천을 실리카 공장 설립 적격지로 결정한 것은 현명한 판단이었다.

40여 년이 지난 후 솔베이는 인천 공장의 주변 개발 환경으로 생산 기지를 이전해야만 했다. 투자와 인건비 등이 저렴한 중국과 태국을 생산 기지로 물망에 올려놓았고 대세는 태국으로 기울어지고 있었다. 하지만 솔베이는 또다시 한국을 선택했다. 무엇이 솔베이의 마음을 한국에 묶어둔 것일까?

서영훈 대표는 45년 전이나 지금이나 동아시아에서 한국에 자리 잡은 이유로 두 가지를 꼽는다. 하나는 공장 부지 선정에서부터 생산에 이르기까지 외투기업의 사업 정착을 위한 한국 정부 특히 산업부와 코트라의 전폭적인 지원이다. 투자 대비 일정 부분을 현금으로 돌려주는 정부의 지원 정책은 물론이고 코트라와 산업부 또한 늘 협조적이었으며 지금도 마찬가지라는 입장이다. 또 다른 하나는 인천에서 군산으로 이전할 때 한국 정부와 코트라가 솔베이에 현금 지원 정책 외에도 부지 선정과 공장 건설 등에 많은 지원을 아끼지 않았기에 성공적으로 공장 이전이라는 큰 프로젝트를 완수할 수 있었다고 말한다.

한국이 생산 기반의 산업 현장으로서 갖는 또 다른 매력은 풍부한 인적 자원을 자랑하는 국가라는 점이다. 현재 여섯 곳의 사업장에서 500여 명의 임직원이 근무하고 있다. 한국 근로자들의 주인의식과 능력은 그 어느 나라와도 비교할 수 없을 정도라고 평한다.

"어느 나라에 진출하든지 양국의 문화라든가 비즈니스 스타일 등이 엄연히 다르기 때문에 이를 이해하고 존중하는 데 상당한 시간이 필요합니다. 하지만 근면 성실하고 교육 수준이 높은 한국의 근로자만큼은 어느 외국기업이라도 인정할 수밖에 없을 겁니다. 물론 저는 한국인이기에 국민의 우수성을 말하는 것이 당연하겠지만, 이미 오래전부터 벨기에 본부 경영진들이 높이 평가한 부분입니다. 한국의 자동차, 전자, 배터리 등 고도화된 생태계 및 자유무역협정(FTA)을 통한 용이한 수출 입지 조건 역시 소재 전문 기업으로서는 좋은 투자 조건입니다."

한국의 높은 교육 수준을 향한 솔베이의 관심은 산학협력으로 이어졌다. 2014년은 한국 진출 40주년을 맞이하던 해였다. 한국 내 외국 회사로서는 최초로 국내 대학교와 산학협력을 맺고 대학 캠퍼스 안에 연구소를 세웠다. 솔베이 코리아는 서울시 서대문구 이화여자대학교 캠퍼스 내 산학협력관에 '이화·솔베이 연구센터'를 설립하면서 산학협력관 건축 자금을 지원했다. 당시 솔베이의 경영진은 언론을 통해 "한국을 아시아 시장 수출 거점으로 투자를 계속할 것"이라는 계획을 밝혔다.

'이화·솔베이 연구센터'의 출발은 신선함 그 자체였다. 외투기업이 한국의 대학과 산학협력을 맺고 캠퍼스 안에 건물을 짓는 것도 특기할 만한 일이지만, 연구·업무 인력이 상주한다는 아이디어는 모든 외국기업에 참신한 산학협력 모델이 됐다. 더욱이 한국의 여성 인재를 배출하는 이화여자대학교를 파트너로 삼았다는 것 자체도 화젯거리가 되었다. 산학협력식이 열리던 2011년도에는 국내 기자뿐만 아니라 벨기에의 기자들도 취재하러 왔을 정도로 특별한 뉴스거리가 됐다. 센터에 입주한 후로도 교수들과 지속해서 합동 연구 활동을 하고 있으며 학생들에게는 장학금 지급과 인턴십 기회를 부여하고 있다.

2012년부터 시작한 '이화여대 솔베이 2년 장학금'도 올해로 10년째를 맞이했다. 2019년까지 누적 35명의 학생에게 장학금을 수여했다. 수혜자들은 현재 다양한 분야에서 활동 중이다. 무엇보다 2018년부터 이과 학생들에게만 주던 장학금을 문과 학생에게도 개방해 모든 이화여자대학교 학생들에게 고른 기회를 부여하고 있다. 한 대학원생은 "사회과학계열 석사과정 재학 중 수많은 장학재단의 문을 두드려 보았지만 문과 계열 학생은 해당되지 않는 경우가 대다수여서 번번이 고배를 마셔야만 했다"며 솔베이 장학금에 대해 인상적이라고 말했다.

"사회과학계열 학생들에게도 솔베이 장학금 지원 자격이 주어진다는 소식을 접하게 되었습니다. 기회가 있다는 기쁨도 잠시, 심리학과 공학의 교집합을 찾는 것은 생각보다 쉽지 않았습니다. 몇 날 며칠간 고민하던 중 솔베이 사이트에서 찾은 이 글귀를 보고 '유레카!'를 외쳤습니다. 'To make the better world' 'To make life safer, healthier, tastier, and more colorful'. 사람들의 삶을 더 건강하고, 다채롭게 만드는 것. 궁극적으로는 더 나은 세상을 만드는 것. 그것이 바로 제가 회복 탄력성을 통해 추구하고자 했던 바였기 때문입니다."

솔베이 코리아의 산학협력은 국내에서 젊은 인재들로부터 기업의 인지도와 선호를 높이는 데도 한몫했다. 대부분의 외국기업들이 인력 채용에 있어서 성별에 대한 편견은 없지만 캠퍼스 내에서 외국기업 직원들이 업무 활동을 한다는 것 자체가 새로운 일이다. 그래서인지 솔베이를 향한 과학 분야 전공 이대생들의 관심도 높다. 채용 시 이대 출신 인력에 특별한 인센티브는 없다고 한다.

경력이나 학력에 대한 차별도 마찬가지다. 중요한 것은 업무 수행 능력이다. 다만 여성을 더 적극적으로 포용하려는 기업 문화가 있다.

솔베이 코리아 장학생 교류회 발촉식 모습.

솔베이가 한국에 자리를 잡은 이유는 두 가지다.

하나는 공장 부지 선정에서부터 생산에 이르기까지 외투기업의 사업 정착을 위한

한국 정부의 지원이다. 또 다른 매력은 풍부한 인적 자원을 자랑하는

국가라는 점이다.

연구소 내 영업 조직 인력의 35%가 여성 인재들이다. 홍보 업무를 담당하는 김정라 차장은 10년 재직 후 1997년 가족과 함께 프랑스로 떠났다가 다시 돌아와 육아에 전념하느라 13년의 세월이 흘렀다. 그런데도 회사는 다시 그를 환영했고 재입사한 지 어느새 10년이 지났다. 여성 인력을 50%까지 늘리겠다고 약속한 카드리 회장의 인재에 대한 마인드와 채용 문화의 유연성을 단적으로 보여주는 일이다.

## '배터리중앙연구소'로 불리는 '이화·솔베이 연구센터'

솔베이는 '혁신을 재창조하기 위한 인간, 아이디어, 그리고 각 요소들의 결합'이라는 사명을 내걸고 우리의 일상생활뿐만 아니라 산업 각 분야에서 더 안전하고 청정하며 지속 가능한 솔루션을 제공하는 글로벌 기업이다. 1년 전 '기후 변화로부터의 환경 보호' '자원 보존' 그리고 '풍요로운 삶의 추구'라는 세 가지 목표를 중심으로 '솔베이 원 플래닛'(Solvay One Planet)이라는 이니셔티브(initiative)를 발족한 것도 그 이유에서다.

최근 '이화·솔베이 연구센터'가 주목받는 센터가 된 배경도 센터에 정밀화학 사업본부 및 기타 한국에 있는 여러 솔베이 법인이 합류해 연구 활동과 기업 활동을 함께 펼쳐 시너지 효과를 냈기 때문이다. 연구소에서는 리튬 배터리, 전자, 자동차 타이어, 코팅 등 각종 산업에 다양하게 활용 가능한 기술을 연구하고 혁신을 일구는 거점이 되었다. 솔베이 원 플래닛의 이니셔티브에 한 발 다가가는 연구 센터로 변모한 것이다.

현재 이화·솔베이 연구 센터에서는 150명의 연구·비즈니스 인력이 일한다. 이 중 95%가 국내 인력이다. 솔베이 코리아는 이제 안정적인 생산 기반을 갖춘 실리카에 이어 '2차전지' 시장을 겨냥한 R&D에 열중하고 있다. 2차전지 관련 정밀 화학 소재 공급을 위해 한창 준비하고 있다. 이 때문에 솔베이 글로벌 비즈니스 유닛(GBU)으로부터 '배터리중앙연구소'라는 닉네임이 붙었을 정도다.

서영훈 대표는 "2004년부터 싱가포르에서 아시아 시장 책임자로 근무하면서 한국을 멀리서 바라볼 수 있는 계기가 되었다"며 "2015년 3월에 복귀한 후 다시 한국을 재발견했다"고 말한다.

"저는 날마다 이런 상상을 해봅니다. '한국의 똑똑하고 야심 찬 젊은이들이 글로벌 기업에서 전 세계를 무대로 활약한다면 더 많은 기회와 성취를 얻을 수 있지 않을까? 다양한 국적의 사람들이 같이 일하고 융합한다면 더 창의적인 문화가 형성될 수 있지 않을까? 한국의 정감 있는 문화에 시스템의 투명성이 보완된다면 더 폭발적인 시너지가 생기지 않을까? 능력 있는 여성들의 목소리가 잘 반영되고 역할이 커지면 건강한 사회가 되고 경쟁력이 커지지 않을까? 안락한 성취보다 실패를 무릅 쓰고 도전하는 것이 얼마나 아름다운 일인가! 학점 경쟁보다 협업을 통한 리더십을 학교에서 배울 수 있다면 더 많은 글로벌 리더를 배출할 수 있지 않을까?' 하는 생각들이죠."

그는 국내 우수한 인재들이 솔베이 코리아와 글로벌 각지에서 역량을 펼 수 있도록 인재 육성에 기여하고 싶다. 25년간 솔베이에서 일한 경험에서 배어 나온 솔직한 조언이 진실로 와닿는다.


## 위기일수록 지혜롭게 이겨내는 화학기업

2020년은 어느 기업이라고 할 것 없이 코로나19 여파로 위기 상황에 직면했다. 글로벌 기업인 솔베이도 화학 업종 특성상 가장 큰 타격을 받은 항공과 석유화학의 충격에서 자유로울 수 없었다. 다행히 솔베이 코리아의 경우 자체 방역 시스템으로 코로나19에 적극 대응함으로써 공장이 멈추거나 하는 심각한 상황은 없었다.

위기는 기회라고 했던가. 오히려 직원들의 근무 환경에 새로운 혁신 문화가 자리매김하는 계기가 되었다. 비대면 업무를 담당하는 직원들은 일주일에 정해진 날을 집에서 일한다. 그 결과 조직 운영의 효용성이 되레 효과적으로 개선되었다.

문제는 영업 인력이다. 50여 명에 달하는 영업 인력은 코로나19 이전에는 대면 활동이 주를 이루었다. 코로나 확산에 앞서 2월부터 업무 프로세스를 달리하고 50%에 달하는 인력이 재택근무로 전환했지만 업무에 큰 애로점이 없는 것으로 나타났다.

업무뿐만이 아니라 기업의 사회적 책임(CSR)에서도 솔베이 코리아는 적극적으로 활동해 사회공헌활동 역량을 높였다. 기업 철학 근간인 환경과 사회적 책임에 대한 소신을 다하고자 최선을 다했다. 솔베이는 전 세계의 여러 사업 분야에서 코로나19로 도움이 필요한 이들에게 과산화수소, 손소독제, 안면 보호대, 그 외 보호 장비 등 필수적인 물품을 공급했으며, 지역사회 조직 및 비영리 단체와 파트너십을 체결하는 등 다양한 구호 노력에 이바지하고 있다. 특히 중국, 미국, 이탈리아, 프랑스, 스페인, 벨기에 등 현재 어려움을 겪고 있는 국가의 정부와 지역 당국에 소독과 위생 처리를 위한 과산화수소를 대량 기부했다.

솔베이가 공급하는 제품의 상당수는 고객사의 제품 공급망에 꼭 필요하며 일상생활에 없어서는 안 될 제품을 생산하는 데 사용된다. 따라서 솔베이의 여러 사업 부문은 코로나19로 도움이 절실한 의료 및 기타 분야에 종사하는 고객들을 위한 긴급 제품군을 마련하는 데 큰 역할을 했다고 자부한다.

솔베이 코리아는 각 사업부가 자리한 지역별로 그간 이웃에 대한 지속적인 관심과 책임 의식을 실천으로 옮겼다. 이화·솔베이 연구센터는 2017년부터 인근 지역 북아현동 저소득층 주민들을 위해 김장 봉사활동을 했다. 2020년 12월에는 4년째 이어오는 김치 나눔 행사를 코로나19에도 불구하고 진행하여 김치가 필요한 북아현동 이웃들과 비대면으로 나누었다.

그런가 하면 2019년부터 '솔베이 시민의 날'(Solvay Citizen Day)이라는 명칭으로 솔베이 그룹 전사적으로 사회공헌활동을 하고 있다. 매년 다양한 테마로 진행하는데 2019년은 '환경', 2020은 '교육'을 주제로 진행했다. 솔베이 시민의 날은 환경 관련 프로젝트를 통해 아이들에게 혁신과 과학이 지속 가능한 가치를 창출할 수 있다는 점을 알려주는 것이 목적이다. 함께 과학 실험도 하고, 솔베이 임직원이 직접 직업 멘토링을 하기도 했다. 코로나19로 가상(Virtual)을 활용한 진행 방식을

1. 솔베이는 코로나19 위기를 함께 극복하기 위해 마스크를 기부했다.
2. 이화·솔베이 연구센터는 2017년부터 매년 김치 나눔 행사를 하고 있다.

택했고, 교육 영상을 통해 '지속 가능성' 개념을 설명했다. 배터리, 전기 전자, 실리카 분야에서 솔베이의 활동을 보여주어 어린이들에게 환경에 대한 인식을 높이고자 노력했다.

## 함께 돌아가는 두 바퀴 자전거처럼 한국 기업과 상생하다

2020년 가을 솔베이 코리아의 아주 특별한 이야깃거리가 입소문을 타고 전국으로 퍼져나갔다. 푸른 가을 하늘 아래 임원진 두 사람이 자전거 국토 종주를 나선 것이다. 회사 차원의 행사가 아니었다. 이는 순전히 두 사람의 자발적인 계획이자 결정이었고 의기투합해 실행한 이색적이고도 즐거운 이벤트였다.

화제의 주인공은 멕시코 국적인 정밀화학글로벌사업부 로드리고 엘리존도 대표와 솔베이 코리아 서영훈 대표다. 두 사람은 9월 12일 인천 아라뱃길 서해갑문에서 출발해 9월 15일 낙동강 하류 을숙도까지

2020년 가을, 솔베이의 두 임원진이 633킬로미터 자전거 국토 종주를 마쳤다.

솔베이 그룹은 2020년 대기질, 직원 건강 및 안전, 인권과 지역 사회와의
관계 부문에서 높은 점수를 받으며 미국 일간지 〈월스트리트저널〉이
5,500개 기업을 조사 후 선정한 '지속가능경영 100개 기업' 중 52위에 올랐다.

한강과 낙동강의 맥을 타고 자전거도로를 달렸다. 633킬로미터, 3박 4일 동안 자전거로 달려야 하는 긴 거리다. 쉬운 도전이 아니었다. 사전 준비가 필요했던 만큼 종단에 앞서 회사 동료들과 함께 서울과 경기도의 한강 자전거길에서 주기적으로 훈련을 하기도 했다.

10센티미터가 조금 넘는 좁고 딱딱한 자전거 안장에 몸을 싣고 날마다 약 7시간씩 총 15만 회 페달을 돌렸다. 첫날부터 온종일 비가 내렸다. 충청북도 충주까지의 여정은 하루가 아닌 1년 같았고 길을 잘못 들어 헤매기도 했다. 낮에만 달려서는 갈 수 없는 거리이기에 밤에도 달렸다. 밤길의 라이딩은 결코 만만치 않았다. 우여곡절이 어디 그뿐이었겠는가. 낙차, 펑크, 자전거 고장 등으로 날마다 정비하면서 이동해야 했다. 식후 후식으로 진통제를 복용하면서 무릎과 허벅지 통증을 참아냈다. 아프고 힘들었지만, 한국인과 한국의 자연은 그들의 피로와 고난마저 따뜻하게 감싸 주었다.

남한강은 그 어느 나라의 풍광보다 아름다웠고, 해발고도 550미터 이화령의 가파른 고개는 길고도 고통스러웠으나 정상 휴게소에서 닭 다리를 권하는 노부부의 정감 어린 관심 덕분에 순식간에 사라졌다. 경상북도 문경새재를 지나 낙동강 상류의 드넓은 황금 평야는 자전거 종주가 아니면 천천히 감상할 수 없는 멋스러운 한국의 시골 풍경이었다. 종주 중에 만난 사람들은 외국인이 자전거를 타고 한국을 여행한다는 사실에 놀라워하며 응원해주었다. 식당 안에 직접 키우고 있는 닭을 보며 한국의 깊숙한 시골 정취를 마음껏 느꼈다.

두 사람은 20~25킬로미터마다 자전거 길 구간별로 있는 폐 공중

전화부스 등을 재활용한 붉은색 무인인증센터에서 국토 종주 인증 수첩에 도장을 찍어 인증받는 재미가 쏠쏠했다고 전했다. 인증 부스에서 셀카도 찍었다. 후에 정부에서 국토 종주 인증서와 메달도 받았다.

자전거를 즐기는 내국인이라면 당연한 일이려니 하고 넘어갈 수도 있겠다. 하지만 국적이 다른 두 경영 리더가 기름 한 방울 사용하지 않고 한국의 도로를 달렸다는 것은 특별한 의미가 있지 않을까. 더욱이 화학 전문 기업의 CEO들이니 그들은 솔베이만이 아니라 전 세계가 주목하는 미래와 환경에 대한 메시지를 전한 게 아닐까 싶다.

솔베이 그룹은 2020년 대기질, 직원 건강 및 안전, 인권과 지역 사회와의 관계 부문에서 높은 점수를 받으며 미국 경제 일간지 〈월스트리트저널〉이 5,500개 기업을 조사 후 선정한 지속가능경영 기업 중 52위에 오르기도 했다. 솔베이는 지속 가능성이 곧 수익성임을 증명하고 있다.

여행은 보는 것으로만 끝나지 않는다. 두 사람은 자전거 국토 종주를 하면서 많은 이야기를 나누었다. 그중에서도 한국이야말로 동북아시아 국가의 다양한 면모를 모두 담아내는 신제품 테스트베드로 최적의 장소이며, 더 나아가 역내 사업 확대를 위한 도약의 교두보가 되리라는 확신을 더욱더 강하게 굳혔다고 한다.

서영훈 대표는 말했다. "솔베이 코리아 대표로 재임하는 동안 한국에서 이화·솔베이 연구소 및 생산 기지를 토대로 지속 성장할 수 있는 토대를 구축하고 고부가 제품군의 지속적인 투자에 힘쓰고자 합니다. 한국은 우수한 인재가 많은 강한 나라이기도 하지만, IT, 전자, 반도체,

자동차, 항공 등 미래를 향한 산업들이 고루 발전했고, 또 기술력이 강한 기업들이 저마다 글로벌 리더로 성장하는 나라입니다. 157년 역사를 지닌 솔베이가 한국에 뿌리를 더 굳게 내리려고 하는 이유를 굳이 설명할 필요는 없지 않을까요?”

# WORLD
# TOP FILM
# COMPANY

첨단기술로 미래를 창조하는 기업.

## 스템코

스템코는 TAB와 FPC 원재료를 가공하고 생산하기 위해 1995년 일본 도레이그룹과 삼성전기의 합작법인 회사로 출발했다. 충청북도 청주시 흥덕구 옥산면 외국투자기업 단지에 본사와 공장이 있으며, 2018년 기준 전 세계 약 30%를 차지하는 고정밀집적 회로필름 'COF'가 주력 제품이다. 2019년 기준 매출액 3,406억 원으로, 1,086명의 임직원이 재직 중이다.

# 03

# 세계 최초 2-metal COF의 탄생
# 인프라 강한 한국이 있었다

## 국산화로 디스플레이 산업 발전을 이끌다

스템코는 우수한 기술과 역량으로 한국의 디스플레이 산업 발전에 기여한 대표 외투기업이다. 일본 기업과 합작회사로 지난 26년간 꾸준히 성장해 국산화를 일구었고, 디스플레이 기술 분야에서 전 세계 시장의 선두를 달리는 기업이 되었다. 시장 변동이 심한 분야에서 최근 수년 사이 영업이익 세 자릿수를 유지하면서 상승세를 이어온 것도 이회사의 파워와 자존심이 그대로 드러나는 대목이다.

2020년 3월 스템코는 창립 25주년을 맞이하면서 303쪽에 달하는 두툼한 양장본 25년사를 편찬했다. 단순히 기업의 홍보를 위한 역사책이 아니었다. 그간 흘려온 자신들의 땀과 노력을 재조명하는 매개체라는 데 의의를 두었다. 역사의 발자취를 뒤돌아보며 지난날 울고 웃었던 다양한 성취의 순간을 회고하고 자랑스러운 회사의 역사를 임직원 모두 가슴속 깊이 새기며 제2의 도약과 새로운 역사의 이정표를 마련하겠다는 의지를 담았다.

스템코는 설립부터 한일 그룹사의 합작기업이라 화제를 모았지만, 그 시작은 설립 시기인 1995년 한참 이전으로 거슬러 올라간다. 삼성그룹과 일본의 도레이(Toray)의 인연은 1960년대 도레이가 삼성그룹의 모체인 제일합섬에 합성섬유 제조기술을 라이선스화해 출자하면서 시작했다. 두 회사는 동반 성장을 목표로 장기적인 관점에서 산업 진흥, 수출 확대, 기술 향상, 사업 제휴, 인재 육성 등 지속해서 투자해 오랜 시간 긴밀한 신뢰 관계를 바탕으로 우호 관계를 맺었다.

1990년대 들어 삼성그룹은 전기·전자 부문의 사업 고도화와 글로벌 경쟁력, 기술 경험 축적을 꾀했다. 회사가 설립되던 당시 TAB(Tape Automated Bonding·테이프 자동화 접착) 기술은 반도체 소자의 고기능화 추세에 따라 주목받았으며, 특히 LCD 구동용 반도체와 주문형 반도체(ASIC)의 품질이 핵심 기술로 떠올랐다. 하지만 국내에서는 TAB형 반도체를 전적으로 외국 제품에 의존하고 있었다. 이에 따라 삼성은 자체 생산으로 안정적인 공급과 전기·전자 부문의 사업 고도화를 꾀할 필요성을 느꼈다.

도레이와 삼성 두 그룹은 각 국가를 대표할 만한 기업이다. 협력할 수는 있지만, 함께 기업을 만드는 일은 조심스러웠다. 하지만 두 그

충청북도 청주시 오창에 있는 스템코 회사 전경.

TAB 테이프 국산화 성공은 스템코가 2000년대 들어

디스플레이 기술 분야에서 국내뿐만이 아니라 전 세계 시장에서 선두를 달리는

기업으로 성장하는 신호탄이 되었다.

룹사의 수장은 수년간 이어온 상호 신뢰를 바탕으로 삼성전기와 도레이의 합작회사 스템코(STEMCO)를 탄생시켰다. 이를 위해 삼성그룹은 1994년 초부터 1년간 세밀한 내부 검토 끝에 결정했다고 한다.

삼성전기와 도레이는 각각 50%씩 공동 투자해 그해 1월 회사를 설립한 데 이어 7월엔 창립총회를 개최하고 2년 후인 1997년 5월 조치원 공장을 준공했다. 삼성전자의 S.LSI 기술과 도레이의 TAB테이프 재료 기술을 접목함으로써 TAB와 FPC 원재료 가공·생산을 시작했다.

사업 초창기에는 두 회사의 기술력이 만나 1999년 TAB테이프를 국산화한다는 사실이 주목받았다. 물론 우여곡절도 많았다. 생산 설비와 인원을 갖춘 상태에서 TAB의 최초 승인이 1년 이상 지연되었는가 하면 외환 위기까지 겹치면서 매출은 없고 고정비용만 지출되는 힘든 고비를 넘어야 했다. 하지만 TAB 사업을 살리기 위한 노력과 임직원의 애사심으로 위기를 극복했다. TAB 테이프 국산화 성공은 스템코가 2000년대 들어 디스플레이 기술 분야에서 국내뿐만이 아니라 전 세계 시장에서 선두를 달리는 기업으로 성장하는 신호탄이 되었다.


## 세계 최초 2-Metal COF 기술력 확보로 생산 규모 확장

2000년대 들어 세계 전자시장은 매년 7% 이상 높은 성장을 기대했다. 이에 편승해 디스플레이 시장도 확대일로에 서 있었다. 스템코는 발 빠르게 생산라인을 증설해 도약하기 시작했다.

재료 비용을 절감해 생산 부진의 약점을 극복했고, 국내 거래선의 물량을 증대하고, 고밀도 제품 수요에 대응했다. 신규 시장인 대만에 진출하기 위해 2000년 10월부터 제2기 생산라인을 증설했다. 2000년도엔 전년도 두 배에 가까운 294억 원의 매출을 기록하는 등 회사 설립 이래 처음으로 30억 원의 순이익이 났다.

흑자로 돌아선 스템코는 COF(Chip On Film) 생산라인을 증설해 2001년 7월에 월 1,500만 개 생산 규모의 제2기 생산라인 양산체제를 확립했다. 이로써 휴대전화, TV, 모니터 등 디스플레이 구동에 핵심 부품인 COF과 같은 고정밀 집적회로를 설계·생산할 수 있었고, 새로운 최첨단 분야의 제품 개발에도 박차를 가했다.

2003년부터 전자시장은 경박단소화 트렌드가 확산되면서 국내 시장에 LCD TV가 큰 인기를 끌었다. 2005년 이후 TV 화면의 대면적화와 고해상도에 대한 고객의 요구가 커짐에 따라 COF의 수요도 증가했다. 이와 함께 COF의 성능이 눈에 띄게 향상되었다. 이 무렵 TAB와 COF 시장은 연평균 15% 내외로 급성장했다.

비즈니스는 타이밍이 중요하다. 스템코의 조치원 공장은 수요 증가로 생산 한계에 부딪혔다. 이에 따라 2005년부터 충청북도 청주시 흥덕구 옥산면 외국투자기업 단지로 본사와 공장을 신축·이전해 PDP에 사용되는 PDI를 생산하며 2006년엔 수출 1억 달러를 달성했다.

이후 전 세계 최초로 2-Metal COF를 개발해 양산하면서 전 세계의 주목을 받았다. 2-Metal COF는 양면에 회로를 형성하고 Via Hole로 연결한 COF로서, 1-Metal COF보다 회로 집적도를 높일 수 있으며 고방열과 경박단소를 구현해 QHD, UHD, 8K UHD 등 고해상도 디스플레이 제품에 적합한 제품이다.

　세계 최초의 제품은 저절로 만들어지지 않는다. 스템코는 2007년부터 부설연구소를 중심으로 디스플레이 제품의 진화에 선제적으로 대응하기 위해 기존 COF의 성능을 획기적으로 향상시킨 차세대 제품 '2-Metal COF' 개발에 들어갔다.

　2-Metal COF를 개발하는 일은 쉽지 않았다. 무려 6년에 걸쳐 연구 개발했다. 필름 양면에 수많은 미세회로기판을 제작하는 제품이다 보니 제품을 접었을 때 미세한 회로기판들에 크랙이 발생하는 현상을 없애는 것이 개발 과정의 최대 과제였다. R&D팀은 '후도금공법'이라 불리는 혁신 신기술을 자체 개발해냈다. 1-Metal COF(단면)보다 회로 밀집도가 1.5배 이상 높아 일반 기판의 3분의 2 수준의 파인 피치화를 구현할 수 있으며 휴대전화나 웨어러블(착용) 디바이스에 최적화된 기술이다. 이를 개발해 특허도 취득했다.

　2014년 2월에는 세계 최초로 2-Metal COF를 만들었다. 스템코는 본격 양산체제에 들어갔고 첫 생산제품이 삼성전자 갤럭시 시리즈에 납품된 이래 동시에 애플 납품에도 성공했다. 치열한 글로벌 시장에서 제품을 주도하는 기업으로부터 우수한 품질을 인정받으며 회사는 더욱 성장해나갔다.

　이처럼 성장한 배경에는 한국을 대표하는 삼성의 기업 문화와 일본의 터줏대감 도레이가 지닌 장점을 최대한 기술과 마케팅에 녹여냈다는 점도 빼놓을 수 없는 요인이다. 스템코는 설립부터 삼성전기의 체제와 기업 문화를 벤치마킹해 회사의 운영 방향을 결정했고, 기술력이 부족했지만 '기술연수단'을 만들어 일본 도레이 현지 생산 공정에 필요한 필수 기술을 배웠다.

2006년 대만에 진출할 때에도 도레이의 직간접적인 도움으로 제품평가를 받는 기회를 마련했다. 일본 시장은 자국 기업의 보호 의식이 강해 외국 업체의 부품을 잘 쓰려하지 않아 진입 장벽이 높았으나, 도레이의 계열사이기 때문에 거래를 성사하는 데 많은 도움을 얻었다. 일본 시장이 그리 큰 규모는 아니지만 스템코가 제품의 본고장에 진출했다는 점에서도 도레이의 역할은 매우 상징적인 의미였다.


## 스템코 지속 성장의 비결, 성숙한 노조문화

디스플레이 기술 분야에 선두를 달리고 있는 스템코! 업계 최고의 기술력과 품질을 자부하며, 2020년 글로벌 시장 기준 35%의 시장점유율을 차지했다. 세계 유수 기업의 파트너로서 국내 38%, 중화권 대만 60%, 일본 2%의 비율로 수출하고 있다. 선행 기술력과 안정된 품질을 바탕으로 고객사와 긴밀히 협력해 제품의 경쟁력을 갖출 수 있었다.

2021년 26주년을 맞이한 스템코는 여전히 성장하고 있다. 2019년 기준 매출액 3,406억 원을 달성했으며, 최근 수년간 영업이익 또한 세 자릿수를 유지했다. 2020년 12월 말 기준으로 1,086명이 재직 중이다.

2000년 흑자로 전환한 이후 '국산화'와 '세계 최초 개발'이라는 우수한 성적표를 만든 것도 자랑거리이지만, 오늘의 스템코가 있기까지는 무엇보다도 2005년, 2014년, 2018년 3회에 걸쳐 '노사문화 우수기업'에 선정되었을 만큼 모범적인 노사문화를 정착하기 위해 지속해서 노력한 점이 주춧돌이 되었다.

스템코는 분기마다 전 사원을 대상으로 경영설명회를 개최해 사원들에게 경영 현황을 공개한다. 회사의 현재 경영 상태와 실적을 정확히 설명함으로써 투명 경영을 실천하고, 회사 발전에 관한 비전을 공유한다. 또 사원들의 근무환경 개선, 복리후생 확충, 상·하반기 조직 활성화 등 다양한 활동으로 행복한 일터 만들기에 정성을 기울여왔다.

2017년 6월에 노사의 사회적 책임 실천을 위한 '노사정 공동선언문'을 발표한 것이 단적인 예다. 노사정 공동선언문 발표를 계기로 좋은 일터를 만들기 위해 노사가 함께 적극적인 활동을 벌여 선진 노사문화를 정착하자고 다짐했다. 이를 바탕으로 '노사문화 우수기업'으로 선정되는 영예를 안을 수 있었다.

회사 쪽은 "현장의 목소리를 경청하고 의견을 회사 프로세스에 적극 반영해 종업원들의 사기 진작을 도모했으며, 노사가 함께 지역사회에 도움이 되는 활동을 적극 추진하면서 지역사회에서 존경받는 회사가 되었다"고 밝혔다.

2011년에 부임해 현재 스템코의 CEO인 엄영하 대표는 일찌감치 1985년 7월 삼성전기에 입사해 2007년 2월 삼성전기 경영혁신 팀장을 거쳐 다양한 경험을 쌓았다. 그는 취임하면서 '행복 경영'을 모토로 종업원의 비전이 실현되는 회사, 종업원이 행복한 회사를 만드는 데 중점을 두었다고 말한다.

"직원이 행복한 회사를 만들기 위해 우리는 무엇보다 안전한 사업

스템코의 성장을 이끌고 있는 주력 제품 COF 제조 현장.

2014년 2월에는 세계 최초로 2-Metal COF를 만들었다.

스템코는 본격 양산체제에 들어갔고 첫 생산제품이 삼성전자 갤럭시 시리즈에

납품된 이래 동시에 애플 납품에도 성공했다.

장을 구축해야 합니다. 상사는 '부하의 안전은 내가 지킨다'는 마음가짐으로 안전에 대한 책임감을 가져야 하며, 이로써 전사적으로 성숙한 안전 문화를 조성하고 있습니다."

회사에서는 안전고동(安全考動)이라는 문구가 써 있다. 안전에 대해 깊이 생각하고 움직인다는 뜻이다. 이를 보면 스템코가 얼마나 안전을 중요시 여기는지 알 수 있다. 회사는 안전분임조, 안전제안제도, 안전경진대회 등을 만들어 직원 스스로 안전에 대해 고찰하고 행동할 수 있도록 분위기를 조성한다.

## 사회 책임도 소홀히 하지 않는 기업문화

스템코는 소외계층 돌봄, 미래세대 지원, 윤리경영을 실천하기 위해 '환경'과 '상생' 경영을 키워드로 다양한 노력을 하고 있다. 지역사회의 구성원으로 기업 또한 일정한 권리와 책임을 갖는다는 '기업시민 의식'을 바탕으로 친환경 정책을 적극 진행해왔다.

스템코는 환경부가 정한 녹색기업으로 사회적 책임을 다하기 위해 친환경 대책의 일환으로 수질·대기 배출 오염물질 저감, 미세먼지·온실가스 배출 저감, 화학물질·폐기물 배출 저감 등 다방면에서 투자해왔다. 오염물질 배출 기준을 법적 기준 대비 30% 이내에서 관리한다.

스템코는 종업원이 행복한 회사는 곧 안전이 바탕이 되어야 하고, 그것이 기업의 이미지이자 사회 책임으로 이어진다고 강조한다. 아무리 하드웨어가 잘 갖춰져 있어도, 열악한 환경에서 일한다면 직원의 안전을 기대할 수 없다. 직원이 위험을 안고 일한다면, 결국 기업의 성장에 영향을 미치고, 더 나아가 지역사회에 파급효과가 클 수밖에 없다는 논리다. 이와 관련해 엄 대표는 다음과 같이 말했다.

"제가 부임할 당시 NCR(Non Conformance Report·불량건수)가 연간 400여 건 발생할 정도로 품질과 수율이 시스템화되지 않았어요. 이는 직원들의 의지 저하로 이어졌습니다. 이러한 상황을 개선하기 위해 '체계적인 내부 시스템과 프로세스의 혁신'이라는 성공 사례를 만들고자 했습니다. '직원들의 일하는 방법'을 180도 바꾸고자 노력했습니다. 공장에서는 수만 가지의 화학약품을 사용하기 때문에 냄새가 났습니다. 우선 현장의 냄새부터 잡았습니다. '나의 자녀들이 현장에 들어가더라도 안심할 수 있는, 깨끗하고 안전한 공간'을 만들기 위해 끊임없이 노력하고 있습니다."

스템코는 합작회사이면서 도레이의 계열사이기도 하다. 도레이 관계사가 참여한 공익재단인 한국도레이과학진흥재단에 '화학·재료 분야와 미래 인재 육성'을 집중 지원하기 위해 매년 2억 원이 넘는 기금을 출연한다. 한국 과학기술의 발전과 전문 인재 양성을 위한 사업에 기여하고 있다.

지역사회 소외계층과 더불어 살아가는 기업이 되기 위해 다양한 사회공헌활동도 하고 있다. 2012년부터 충청도 장애우 시설 '청애원'에 기부뿐만 아니라 정기적으로 계절 행사를 하고 있으며, 충청북도 청주시 흥덕구청과 함께 조손 가정, 독거노인을 대상으로 장학금과 후원금을 기탁한다. 또한 속리산 국립공원과 업무 협약을 맺고 직원이 자발

1. 청원복지재단 청애원 사회공헌활동 "여름캠프".
2. 속리한국립공원  환경정화활동 "파크프렌즈".

적으로 참여하는 환경정화활동(파크프렌즈)을 추진했으며, 10년째 자연
보전기금을 후원했다. 스템코 임직원들이 자율적으로 사회공헌활동을
주도하는 것이 중요하다. 기업의 사회적 책임 실현은 단지 기업 차원의
형식적인 행사가 아닌 직원들의 진심에서 시작해야 한다고 강조한다.

스템코는 한국 산업계의 노동유연성에 관한 입장을 조심스럽게 밝
혔다. 국내 경제연구원에서 "독일의 노동유연성 순위는 상승했는데 한
국의 순위는 급락했다"고 분석했듯이, 스템코의 견해도 마찬가지다.
과거와 견주어 보았을 때 제도를 개선해 환경이 변화하긴 했지만, 거시
적 관점에서 볼 때 정부 차원에서 시장 변화에 대응하고 기업경쟁력을
높인다는 관점에서 노동유연성을 한층 끌어올려야 한다는 쪽이다.

실제 독일은 '평생근로시간계좌제'와 '계절노동자제'와 같이 노동
유연성을 기반으로 한 제도를 마련했으며, 프랑스도 노동시장 개혁으
로 경제성장과 실업문제를 해결하고 있다는 사례를 들었다. 스템코는
선진국의 사례에서 보듯 한국 또한 노동유연성에 대해 제고할 필요가
있다고 말한다.


## 2030년 매출 1조 원을 향한 다짐

오늘날 시장 환경은 과거와 비교할 수 없을 정도로 빨라졌다. 변화의
격랑 속에서 경영 환경 또한 날이 갈수록 예측하기 어려워졌다. 이런
상황에도 스템코는 한국에 기반을 두고 생산 활동을 하는 것만으로
도 향후 비전이 밝다.

4차 산업혁명을 견인하는 IT 강국인 한국은 인공지능, 가상현실, 증강현실, 5G, 뉴모빌리티, 바이오 분야에서 안정된 인프라로 제품 혁신을 이루는 데 특화돼 있다. 스템코와 같이 디스플레이, 반도체, IT, 하드웨어 분야에서 새로운 가치를 창출하는 기업 입장에서는 한국에 많은 기대를 걸 수밖에 없다.

엄영하 대표는 한국인 경영자로서 한국의 장점을 자신 있게 말했다. "세계 유망기업이 한국 시장에 진출하려고 하는 이유가 있습니다. 한국에서 많은 기회를 찾을 수 있다고 생각하기 때문입니다. 우리는 합작회사를 경영하면서 위험 부담을 줄였고, 한국의 스피드와 강한 실행력을 접목시켰습니다. 이로써 상호 보완적인 기술력을 쌓았습니다. 특허를 활용하고, 경쟁을 완화하며, 무역 장벽 극복하고, 자원을 확보하는 등 전략적인 이점을 적극 활용해 시너지 효과를 낼 수 있었습니다."

기업이 해외에서 사업을 정착하기까지 여러 애로사항이 따르기 마련이다. 스템코는 한국 정부와 코트라의 적극적인 협조와 지원이 큰 힘이 됐다고 전한다. 조치원 공장에서 충청북도 청주시 오창 외국인산업단지로 입주할 때, 고도수반 산업으로 인정받아 임대료를 무상지원받았으며, 제2공장동을 증설할 때도 지역 투자 촉진보조금을 지원받았다. 스템코는 한국 정부의 기업 지원 정책이 성장의 발판을 다지는 데 큰 힘이 되었다고 말한다. 또, 무역협회 기업인카드(무역카드)를 발급해주어 해외로 출장가야 하는 직원의 비자 문제도 해결되었다.

디스플레이 시장에서 스템코가 내다보는 회사의 미래는 밝다. 스마트 기기와 반도체 시장의 꾸준한 성장세과 IT산업의 확장으로 COF 수요가 매년 3~5% 성장하리라 전망한다. 중화권 경쟁사가 등장해 공급 부족 문제가 해소되었으며, 이로써 COF 업체 간 경쟁 또한 심화할 것으로 예상된다.

물론 COF에 대항하는 COP 기술이 개발되어 기존의 모바일 시장이 축소하는 등 악재도 있지만, 새롭게 등장한 폴더블(접는 형태) 휴대전화 부문에서 COF를 쓰면서 신규 모바일 분야로 전환할 것으로 예상된다. 또, 8K TV의 성장, 5G 이동통신의 상용화로 고집적, 초박형, 고방열 등 2-Metal COF 기술을 활용한 신제품과 신기술 시장이 형성할 것으로 내다본다.

디스플레이 시장은 빠르게 변화한다. 이 같은 환경에서 스템코는 선제적 대응을 택했다. 고객과 시장의 흐름을 미리 간파하고 자사의 강점을 최대한 활용한다는 전략이다. Reel to Reel(롤 형태 기판을 사용해 시작부터 끝까지 지속 모체를 이동시키는 동안 모재를 회전롤에 감으면서 소정의 물일을 도포하여 새로운 기능을 부가하는 방식) 공법을 비롯해 에칭공법, Fine Pattern(미세 패턴), 자동검사기술, 양면기판 레이저 홀 가공 기술 등을 응용·적용한 제품군으로 신기술, 신제품 분야를 개척하고자 한다.

현재 스마트폰 카메라 모듈에 사용하는 FP-Coil을 개발하고 있다. 이는 스템코만의 기술력으로 고사양화한 제품군이며 모듈 공정 자동화로 생산성을 향상하고, 인적 손실을 최소화할 수 있어 넓은 의미에서 스마트 팩토리를 조금씩 실현하고 있다. 이미 기술을 개발했으며 고객사의 제품 특성에 맞는 맞춤 기술로 특화해 2018년부터 일부 제품 생산을 시작했다. 이와 같은 기술 개발로 공장 가동률을 최대화하는 것이 목표다.

스템코는 'NEW VISION 2030'(2030 새로운 비전)을 선포했다. 10년 후 스템코는 얼마나 성장할까? 2030년에 매출 1조 원 기업이 되겠다는 목표를 설정했다. 갈수록 사양이 높아지고 있는 현실에서, 디스플레이와 모바일의 한계를 극복하기 위해 파인피치 기술 개발과 차별화한 솔루션을 고객에게 맞춤형으로 제공해 매출을 확대하고, 동시에 4차 산업혁명의 선두주자로 우뚝 서겠다는 계획이다.

그간 스템코는 지속해서 성장했지만, 그렇다고 꽃길만 걸어온 것은 아니다. 지난 10년간 경기 침체와 가격 압박, 수주 경쟁 등 많은 어려움이 있었으나, 꾸준히 시스템과 프로세스를 재정비해 이를 극복했다. 내부 혁신과 신사업의 기술 개발과 적극적인 설비 투자로 경쟁력을 확보했다. 지금까지 성장한 것을 기반으로 더욱 성장하기 위해 제2의 도약을 하겠다는 의지를 표명한 것이다.

스템코는 의지를 현실화하기 위해 기존 COF 사업군에서의 강점인 품질 우위를 지키고, 동시에 파인피치 기술을 개발해 경쟁력을 강화하는 것은 물론, 당사의 강점을 활용한 사업 다각화로 새로운 포트폴리오를 구축할 계획이다.

한편 장기적으로 관련 자사의 입지 조건도 성장하리라는 기대감에 차 있다. 청주 오창과학산업단지는 연구·생산 기능과 주거 기능을 동시에 갖춘 첨단 자족도시형 산업도시로 대전·오창·천안을 잇는 초광역 클러스터를 형성하고, 중부고속도로 오창 IC에 근접해 수도권과 접근성이 매우 좋다. 청주공항을 통해 왕래가 자유롭고 대만, 중국, 일본 등 해외시장 진출에 용이하며 13개 대학과 대덕연구단지가 인접해 풍부한 노동력과 고급 인력을 확보하기에도 유리하다. 또한, 주 고객사가 있는 천안, 수원과도 가까워 위치와 경제적으로 장점이 많은 곳이다.

이 외에도 차세대 방사선 가속기 유치에 성공하면서 오창과학산업단지는 소재와 부품, 장비 산업의 중심지가 될 것으로 보인다. 2023년에는 첨단, 자족, 조화, 공유, 집객 기능이 융복합된 자족형 지능정보빌딩 '오창지식산업복합센터'를 건립할 예정이다. 이로써 오창이 충북지역 4차 산업혁명의 중심지가 되리라 기대한다. 스템코의 미래에 대해 엄영하 대표는 말했다.

"세상에 태어난 한 사람이 온전한 인격체로 성장하는 데는 대략 25년이 걸린다고 합니다. 스템코는 유년기와 청소년기를 잘 거쳐 이제 26세의 젊고 패기 넘치는 청년이 되었습니다. 그동안 쌓아온 기술과 경영 자산으로 젊은 스템코가 만들어나갈, 밝고 성숙한 미래의 스템코를 기대해주시고 지켜봐주십시오."

# Always curious-Imagine the next 350 years

끊임없는 호기심-상상. 미래의 350년.

## 한국 머크

350여 년의 역사를 지닌 독일 머크그룹은 바이오파마(헬스케어), 라이프사이언스(생명과학), 퍼포먼스머티리얼즈(기능성 소재) 사업을 하는 선도적인 과학기술 기업이다. 1989년 법인 설립으로 출범한 한국 머크는 현재 연구소와 생산시설, 사무소를 포함한 총 11개 사이트에서 1,200명의 임직원과 함께하고 있다. 머크는 디스플레이와 반도체 강국인 한국을 가장 중요한 전략 거점으로 삼고, 첨단기술센터 설립 등 지속해서 대규모 투자를 하고 있다.

# 04

# 반도체 세계로 통하는 문
# 한국과 머크가 만나다

**모두가 멈출 때 한 걸음 먼저 앞으로**

2008년 미국발 금융위기의 여파가 전 세계를 강타했다. 우리나라도 예외가 아니었다. 글로벌 금융위기와 세계 경제 침체의 영향으로 어쩔 수 없이 투자환경은 악화했고, 2004년 이후 상승하고 있던 외국기업의 투자는 급감했다. 한국은행의 발표에 따르면, 2009년 외국인 직접 투자의 국내 순유입액은 15년 전 수준으로 후퇴했다. 2008년 이후 3년 동안 경기도 내 외국인투자기업단지 입주 업무협약을 체결한 외국인 기업은 53개사(투자액 33억 600만 달러)에 달했지만, 실제 투자이행률은 47.1%(25개사)에 그쳤다.

침체의 시기에 1,100만 유로(한화 140억 원)의 투자를 감행한 기업이 있다. 세계에서 가장 역사가 긴 과학기술 기업, 머크가 그 주인공이다. 1989년 법인을 설립한 후 한국에 본격 진출한 독일 기업 머크는 2002년 국내 디스플레이 산업을 지원하기 위해 생산설비와 기초 연구를 하는 머크어드밴스드테크놀러지스(주)를 설립해 비즈니스를 시작했다. 삼성전자, LG디스플레이 등 LCD를 제조하는 기업들이 주 고객사였다.

한국 머크는 세계 경제 위기가 본격화하던 2008년 경기 평택 포승면에 첨단기술센터(Advanced Technology Center·ATC)를 설립해 2010년 5월 개소했다.

"한국어로 위기는 위험과 동시에 기회를 뜻합니다. 지금이야말로 최적의 투자 시기라 생각하고 투자했습니다. 앞으로 증가할 것으로 기대하는 고객 수요에 대비하고 신기술을 개척하려면 공간과 인력, 장비가 필요해 첨단기술센터를 짓고 있습니다."

유리겐 쾨닉 당시 한국 머크 대표이사의 발언은 전통적으로 단기 이윤에 집착하기보다 긴 안목으로 비즈니스를 생각하는 머크의 신념을 대변한다.

물론 한국 시장의 가능성과 중요성도 투자를 한 주요 이유였다. 한국의 LCD 역량을 믿고 미래를 준비하기 위해 연구센터를 지은 것이다. 삼성전자, LG디스플레이와 협조해 디스플레이 소재를 개발하고 맞춤형 소재 공급으로 디스플레이 산업 발전에 기여하기를 희망했다. 머크의 과감한 선택은 옳았다. 머크는 LCD에 들어가는 액정 소재 분야에서 세계 시장 점유율 70%를 차지하며 압도적인 1위를 유지해왔다.

## 350년 장수 기업의 '호기심'과 한국의 '역동성'

'세계에서 가장 오래된 의약·화학 회사, 세계 최초로 액정을 발견한 회사, 안료 전문 회사, 세계에서 가장 모범적인 지배 구조로 이루어진 가족 기업'. 머크에 따라붙는 수식어들이다. 일반인에게 다소 생소할 수 있는 회사지만, 우리 일상과 매우 밀접한 회사다. 불임 치료제 등 의약품부터 자동차 안료, 휴대전화와 TV 화면의 액정까지 다양한 제품을 생산한다.

2021년 머크는 설립 353주년을 맞았다. 1668년 프리드리히 야콥 머크가 인수한 독일 담스타트의 '천사약국'(Engel Apotheke)에서 기나긴 역사가 시작되었다. 몇 세대를 지나오며 약국을 운영하던 머크가(家)는 한 세기를 훌쩍 넘긴 1827년, 커다란 변화를 도모한다. 약국을 물려받은 하인리히 엠마뉴엘 머크가 대규모 생산설비를 갖춘 제약·화학 회사로 탈바꿈시킨 것이다.

영국 런던과 미국 뉴욕에 자회사를 설립하며 승승장구하던 머크에 제1차 세계대전이 끝날 무렵 시련이 닥쳤다. 미국에 진출해 있던 독일 머크 자회사를 미국 정부에 통째로 빼앗겨 버린 것이다. 그 회사는 훗날 독일의 머크 본사와 무관한 미국 기업으로 독립했다.

그때의 아픈 경험으로 머크는 사업 포트폴리오를 빠르게 변화시킬 수 있는 능력을 키웠다. 지역적으로나 사업 분야에서 한곳에 집중하는 것의 위험 요소를 뼈저리게 경험한 머크는 고객과 가까운 곳에서 사업을 한다는 원칙으로 세계 각지에서 적극적인 투자를 하기 시작했다. 국제화를 추구한 머크는 업계 다른 회사들보다 빨리 여러 국가에 자회사를 설립했고 이 같은 노력은 성공의 원동력으로 작용했다.

머크는 하나의 사업 아이디어만으로는 장기간 생존할 수 없다는 점도 깨달았다. 산업 분야가 경쟁 환경과 정치 지형, 지리적 변화 등의 여러 요소에 취약했기 때문이다. 그래서 퍼포먼스 머티리얼즈(기능성 소재), 바이오파마(헬스케어), 라이프 사이언스(생명과학) 이렇게 세 가지 분야의 사업으로 나눠 위험 요소를 줄이고 사업 간 시너지를 극대화했다. 한국머크는 이들 중 퍼포먼스머티리얼즈 비중이 70%로 가장 크다. 다음은 라이프 사이언스로 20%, 바이오파마가 10%를 차지하고 있다.

2018년 창립 350주년을 맞이한 머크는 '끊임없는 호기심-상상. 미래의 350년'이라는 슬로건을 내걸었다. 그토록 오랜 역사를 지닌 기업이 지속해서 혁신하고 성장할 수 있는 원동력에 대해 사람들은 궁금해한다. 성장 원동력에 대해 머크는 '호기심'이라고 말한다. 머크에 한국 시장은 무척이나 흥미로운 곳이다. 세계 박람회에서 가장 먼저 전시되는 유기발광다이오드(OLED) TV는 한국산이다. 머크는 첨단 기술과 신기술 개발 트렌드를 이끌어가는 한국을 관심 있게 지켜보았다.

"사업적으로 한국은 매우 역동적인 시장입니다. 큰 기술을 선도하는 국내기업의 요구에 빠르게 맞추기 위해 연구 단계부터 협업을 했습니다. 그렇게 하면 기술 개발 후 양산이 시작될 때 바로 물품을 공급할 수 있으니까요. 한국 머크는 지난 30여 년간 한국 주력 산업 발전의 원동력 역할을 해왔다고 자부합니다. 비록 헬스케어 분야는 한국이 큰 시장이 아니지만, 매우 중요한 시장입니다. 한국에 얼리어댑터(남

한국 머크는 안성 사이트에서 반도체 소재 생산 및 연구·개발을 진행하고 있다.

머크는 디스플레이와 반도체 강국인 한국을 가장 중요한 전략 거점으로 삼고,

첨단기술센터 설립 등 지속해서 대규모 투자를 하고 있다.

들보다 신제품을 빨리 구매해서 사용하는 소비자군)들이 많기 때문입니다. 한국 의학계에서 다른 지역에서 하지 않는 연구를 먼저 하는 경우가 많습니다. 데이터에 대한 피드백도 많고 의사들이 무엇을 원하는지에 정보도 풍부하게 축적되었습니다. 글로벌 조직에서 보는 한국의 중요성은 굉장히 큽니다."

한국 머크 김우규 대표는 머크에 있어 한국은 앞으로도 무궁무진한 가능성을 가진 시장이라고 말한다. 머크가 기존에 강점을 가지고 있던 디스플레이 분야는 물론, 투자를 확장하고 있는 반도체 분야 강국이며, 바이오 분야에서도 최근 급격하게 성장하고 있기 때문이다. 이에 맞춰 2016년에는 인천 송도에 최첨단 바이오 트레이닝 센터인 'M랩'(M-Lab) 콜레보레이션 센터를 개소하며 투자를 지속하고 있다.


## LCD 모니터에서 롤러블 폰까지

지금으로부터 133년 전인 1888년, 오스트리아의 식물학자 프리드리히 라이니처가 신비한 물질 현상을 발견했다. 그는 독일 물리학자 오토 레만과 협력해 자신이 발견한 것이 이전에는 알려지지 않았던 물질의 응결 상태임을 알게 되었다. 레만은 이를 '액정'(Liquid Crystal)으로 명명했다. 우리의 일상에서 유용하게 사용하는 액정표시장치(LCD) 패널의 재료인 액정은 그렇게 탄생했다.

머크는 1904년경 액정의 성질을 연구했고, 과학 연구를 뒷받침하기 위해 액정을 판매했다. 하지만 당시에는 수익이 나는 사업이 아니었다. 1960년대 말 액정 연구를 본격화하면서 실용적으로 사용할 수 있는 연구가 빛을 보게 됐다.

머크는 액정 기술 개발로 권위를 자랑하는 수많은 상을 받았으며, 현재까지 120년간 3,000여 건의 관련 특허를 확보했고, 디스플레이 분야 최고 기업으로 자리 잡았다. 특히 디스플레이와 관련해 머크가 없으면 아예 제품을 만들지 못할 정도로 수많은 원천 특허물질을 갖고 있다. 머크가 장기적인 관점으로 연구를 지원했기 때문에 저력을 발휘할 수 있었던 것이다.

전 세계 66개국에 진출한 머크는 전체 매출의 16%가량을 퍼포먼스 머티리얼즈에서 낸다. 2017년 기준으로 전체 매출 153억 유로(약 20조 원) 중 24억 4,600만 유로(약 3조 2,000억 원) 정도가 이 분야에서 나온다. 한국 시장은 머크 전체 매출 중 4.5~5%가량으로 큰 시장은 아니지만 퍼포먼스 머티리얼즈 사업만 놓고 보면 놓칠 수 없는 중요한 곳이다. 매출의 절반가량이 한국 머크에서 나오기 때문이다.

한국 머크는 2002년 포승산업단지에 '액정기술센터'를 개소하며 1,000만 유로(약 130억 원)를 투자한 것을 시작으로, 2010년 140억 원을 투자한 '첨단기술센터'와 2011년 문을 연 'OLED 응용개발연구소' 등을 운영한다. 여기에 2015년 'OLED 응용기술연구소'가 들어서며 또다시 700만 유로(약 100억 원)를 투자했다. 독일 외에 응용개발연구소를 세운 건 한국이 처음이다.

2013년 삼성전자는 세계 최초로 휘는(flexible) 디스플레이 기술이 적용된 갤럭시 노트3를 출시했다. 이 제품은 기존 유리기판 대신 플라스틱 OLED를 채택했다. 이후 휴대전화 분야에서는 플렉서블 경쟁이 본격화했다. 플렉서블 디스플레이를 가능하게 한 원천기술은 머크에서 나왔다.

최근에는 접어 쓰는 폰, 돌돌 말리는 TV, 돌돌 말려 올라가 '상소문 폰'이라고 불리는 휴대전화까지, 다양한 업체와 제품에 유연한 디스플레이 기술이 적용되고 있다. 접는(Foldable·폴더블) 디스플레이와 돌돌 마는(Rollable·롤러블) 디스플레이 등 새로운 형태의 기기들이 등장하면서 고순도 OLED 소재에 대한 수요가 늘고 있다. 머크는 이 같은 수요 증가에 대응하기 위해 OLED용 프리미엄 소재의 고유한 포트폴리오를 제공하며, 차세대 디스플레이 소재에서도 경쟁력을 높이고 있다.

2019년 11월, 코트라는 독일 프랑크푸르트에서 '글로벌 파트너링 유럽 2019'을 개최했다. 일본 수출 규제에 맞서 유럽 소재·부품 강국으로 수출 시장을 다변화하기 위해 독일을 찾은 것이다. 이때 머크는 코트라와 투자 업무협약을 체결하고, OLED 디스플레이 등 첨단 전자기기 핵심 소재 생산설비와 연구·개발을 한국에 통합해 증설할 계획을 세웠다. OLED는 정부의 소재·부품·장비 기본 계획의 기반인 '소부장 특별법'에서 규정하는 품목의 핵심 소재다. 한국 정부는 소재·부품·장비산업의 핵심 중 하나인 OLED를 지원해 산업 경쟁력을 높이고자 노력하고 있다.

그후 1년이 채 안 된 2020년 10월, 포승단지에 차세대 OLED 발광다이오드 제조시설을 확장하기 위해 250억 원을 추가로 투자하기로 했다. 평택 OLED 제조시설 생산능력(CAPA)을 늘리기 위해서다. 2016

년까지 독일에서 제조해 오던 OLED를 포승공장에서 제조해 국내 주요 고객사에 공급할 계획이다.

"역사적으로 우리가 액정을 계속 연구하고 생산해오던 장소에서 차세대 디스플레이 기술에 다시 투자한 것이 의미 있다고 생각합니다. 지금도 전체 디스플레이를 만드는 데 가장 많이 사용되는 기술은 액정이지만, 휴대전화나 태블릿 등의 배터리를 많이 소모시키지 않는 OLED로 전환되고 있는 추세입니다. 다른 나라보다 한국은 앞서 바꿔나가고 있고, 수십 년간 LCD 분야 리더였던 머크도 OLED 시대를 준비해왔습니다. 한국에 연구소와 생산설비를 갖춰서 국내에 고객이 있는 곳에 공급하고자 투자를 감행했습니다. 일본의 수출 규제 조치 후 한국 정부에서 적극적으로 대응해 조금 더 빨리 성사되었습니다."

김우규 대표의 말처럼 한국 머크는 경쟁력뿐 아니라 한국 디스플레이 산업의 경쟁력을 높이고자 적극적인 투자를 했다. 한국 머크는 투자금을 '승화 정제 시설' 설치에 사용하기로 했다. 승화 정제 공정은 OLED 소재 품질을 보장하는 핵심 공정으로 불순물을 제거하는 과정에 쓰인다. OLED 소재 순도는 OLED 기기의 성능과 수명에 영향을 주는 중요한 요소다. 포승산단에서 이루어온 한국 머크의 역사가 차세대 디스플레이에서도 여전히 빛나리라 기대한다.

## 인간이 할 수 있는 모든 것에 대한 믿음

"나는 인간이 무엇을 해낼 수 있는지 몸소 깨달았다. 사람은 굳은 의

지로 많은 것을 이뤄낼 수 있다."

약국에서 출발한 머크를 글로벌 제조기업으로 도약시킨 인물인 하인리히 엠마누엘 머크의 말이다. 이 말은 머크의 기업 철학을 한마디로 요약한다. 호기심과 과학기술에 대한 전문성으로 인류의 진보에 기여해온 머크는 사회적 책임에 있어서도 기업 철학을 잊지 않는다.

2020년 9월 한국 머크의 대표이사로 취임한 김우규 대표는 부임 후 첫 공식 활동으로 경기도 안산에 있는 다문화 지역아동센터인 이웃사랑 안산 다문화지역 아동센터를 방문했다. 한국 머크 퍼포먼스 머티리얼즈 행복나눔 봉사회의 안산 사이트 직원 26명이 10여 년 전부터 봉사활동을 하던 곳이다.

머크를 반도체 업계에서 가장 중요한 기업으로 날개를 달게 한 버슘머트리얼즈 인수 통합 1주년을 기념해서, 본사의 퍼포먼스 머티리얼즈 사업부에서는 사회적으로 의미 있는 일을 기획했다. 임직원들의 제안으로 평소에 봉사하는 단체를 지원하는 10만 유로 규모의 사회공헌 펀드를 만들었다. 전 세계에서 제안된 30여 개의 지원 프로젝트 중 최종 선정된 4개 프로젝트에 각각 2만 5,000유로를 지원함으로써 소외된 이웃이 디지털 변화에 동참할 수 있도록 지원한 것이다. 여기에 한국 머크가 선정되었다.

"머크의 사회적 책임을 위한 지원활동은 저소득 국가와 소외계층의 건강복지 증진을 위한 활동, 과학기술과 문화교육 지원, 그리고 환경보호를 위한 지속 가능한 솔루션에 집중하고 있습니다. 이웃사랑 안산 다문화지역 아동센터의 디지털 교육과 한국어 교육 지원 결정은 디지털리빙을 발전시킨다는 회사의 비전과도 맥을 같이 합니다. 이번 지원으로 다문화 아동이 디지털 기반의 교육을 받아 자신의 미래를 준비하며 꿈을 이뤄나가는 기회가 되기를 바랍니다."

김우규 대표와 임직원이 전달한 기부금은 다문화 가정 아동이 한국 사회에 적응을 돕기 위해 한국어 교육, 멀티미디어 시설 설치와 안정적이고 건강한 환경 조성에 쓰인다.

직원이 직접 참여하는 지역 봉사도 다양하다. 시화, 반월, 안산, 평택, 울산에서 활약하는 행복나눔 봉사회 이외에도 안성 사이트 직원들은 2012년 1월 직원 자원봉사 클럽인 '온누리愛(애)'를 출범하고 회사나 후원 단체의 지원을 받아 5년 단위의 기부 계획을 세워 장애인과 홀로 사는 노인에게 연탄, 쌀, 의복 등을 기부한다. 또한 가정 환경이 어려운 고등학교 학생을 선정해 졸업 때까지 장학금을 지원하고, 어린이날에는 소외 계층의 어린이들을 안성 자원 봉사 센터에 초청해 선물을 준다.

한국 머크 바이오파마 사업부는 '환자를 위한 한마음, 독거노인을 위한 한마음' 사내 모금 행사에서 마련된 기금을 파트너 기관인 보건복지부 위탁 독거노인종합지원센터에 전달했다. 이는 회사 차원에서 진행한 사회공헌활동인 '굿모닝 캠페인' 이후 임직원 사이에서 혼자 사시는 어르신에 대한 관심이 높아지면서 사내 자원봉사팀이 자발적으로 기획한 것이다. 임직원들의 자발적 기부로 판매할 수 있는 물건을 수집했고 이후 사내 바자회에서 기금을 조성했다. 회사에서도 이와 같은 임직원들의 열정에 발맞춰 사내 바자회에서 나온 기부금과 동일한 금액을 기부하는 형식으로 활동에 참여했다.

머크는 액정 연구 100주년을 기념하고 디스플레이 기술 발전에 기여한 연구자를 발굴하고 지원하기 위해 2004년부터 국제정보디스플레이학회(IMID) 2004에서 '머크 어워드'를 제정했다. 2006년에는 젊은 과학자 부분까지 확대하여 지원하고 있다. 2020년의 제17회 머크 어워드 수상자는 인쇄 공정 기반 신축성 하이브리드 전자 기술을 개발한 홍용택 서울대 교수였다. 기계적 변형에도 안정적으로 동작하는 신축성 디스플레이, 센서, 전자피부 시스템을 실증해 차세대 플렉서블 디스플레이와 웨어러블 분야 발전에 기여한 공로를 인정받았다.

또한, 2011년부터 대한임상종양학회, 대한암학회, 대한생식의학회에 기부 프로그램을 제정하고 항암제와 난임 분야의 국내 연구 활동을 지원하기 위해 세 가지 학술상을 시상한다. 국내 대장암과 두경부암 분야의 연구를 위한 '머크 학술상', '한국임상암학회 머크 대장암 학술상' 생식의학 분야 연구와 학술 활동 지원 위한 '머크 학술상'이 그것이다.

이 밖에도 한국 머크는 2009년부터 2017년까지 사회공헌활동으로 잘 알려지지 않은 국내 미술 작가를 발굴해 달력을 제작하거나 한국의 미술을 전 세계에 소개하는 프로젝트를 진행해왔다. 2018년에는 머크는 창립 350주년, 주한독일문화원 설립 50주년을 맞아 엄선된 독일 문학작품 한 권을 아시아 10개국에서 작가와 번역가들이 온라인 플랫폼에서 자신들의 생각을 공유하고, 교류하면서 번역하는 머크 소셜 번역 프로젝트(Merck Social Translation Project)를 진행했고, 한국어

1. 한국 머크는 이웃사랑 안산 다산문화 아동지역센터에 디지털 교육을 지원하기 위해 2만 5,000유로를 기부했다.
2. 한국 머크는 2020년 11월 인수·합병한 버슘머트리얼즈와 함께 연탄 봉사활동으로 따뜻한 온정을 나눴다.

로 번역된 책은 서울국제도서전과 프랑크푸르트도서전에서 함께 소개되었다.

이처럼 머크는 지사가 위치한 국가의 사회, 문화 발전에 이바지하며 더 많은 이에게 기회를 제공해 능력을 펼칠 수 있도록, 다양한 지원 활동으로 사회적 책임을 실천하고 있다.


## 한국에서 성공하면 세계적으로 성공할 수 있다

"반도체와 디스플레이가 이끄는 전자산업은 디지털 장치와 기술에 대한 수요가 증가함에 따라 전 세계적으로 빠르게 발전하고 있습니다. 코로나19로 우리 모두 그 필요성을 절감했습니다. 재택근무를 하며 비디오콜도 해야 되죠. 집에 있는 PC로 작업하다 보면 기기 성능도 업그레이드해야 하고, 늘어나는 파일들 때문에 데이터 저장장치도 업그레이드 해야 합니다. 그런 필요성을 느낀 분들이 많을 겁니다. 인공지능, 사물인터넷, 5G와 같은 메가트렌드에 따라 데이터량이 크게 늘어 전자산업의 지속적인 성장이 예상됩니다. 한국 머크의 반도체와 디스플레이 분야의 투자도 더욱 늘어날 것입니다."

김우규 대표의 말에서 머크의 야심을 읽을 수 있다. 정보 기술은 숨 가쁘게 발전하고 있다. 휴대전화, 태블릿과 컴퓨터와 같은 기기는 모두 반도체 산업 성장에 기여할 것이며, 자동차, 의료와 산업 응용 분야 등 다른 분야에서도 반도체의 수요가 증가할 것이다.

휴대전화나 센서 같은 고성능 기기들은 고밀도 집적 회로로 성능이 점점 좋아지고, 그와 동시에 크기는 상당히 작아졌다. 차세대 제품의 향상된 성능, 추가적 기능, 더 작아진 형태, 우수한 상호 연결성과 관련해 최신 마이크로 칩과 센서가 중요한 기술 요소가 되었다.

기기를 개선할 방안으로 혁신적인 소재에 대한 필요성이 제기되었다. 차세대 기기가 등장할 때마다 반도체 제조 업체들은 제품의 크기를 줄이는 동시에 더 높은 기능과 우수한 처리 능력을 확보하고자 한다. 머크는 고도의 혁신적인 소재 기반 솔루션을 제공해 반도체 산업에서 더욱 스마트한 전자기기를 만들 수 있도록 지원한다.

반도체는 대한민국을 대표하는 첨단 기술산업이다. 한국이 일찍이 IT 강국이란 칭호를 얻을 수 있던 이유도 삼성전자나 하이닉스 등 토종 기업이 세계 정상의 반도체를 개발하고 생산능력을 일찌감치 인정받았기 때문이다. 하지만 이들 기업이 고품질 반도체를 생산하려면 반드시 선행해야 하는 후방 산업이 있다. 바로 반도체 생산의 원료인 특수화학 물질과 가스 생산과 무결성 보장과 유통 관리 산업이다.

반도체는 사용하는 원료의 품질이 제품 완성도에 큰 영향을 끼친다. 나노 단위의 섬세함을 다루는 반도체 생산 과정은 원료의 티끌만한 오염도 불량을 만들기 때문에, 반도체 기업 입장에서는 균일한 품질을 보증하고 안정적인 재료를 공급하는 파트너를 찾아야만 한다.

머크는 업계를 놀라게 한 몇 차례의 인수·합병을 거쳐 반도체 업계에서 가장 중요한 기업으로 부상했다. 2014년 머크 본사는 디스플레이와 반도체 소재 기업인 AZ일렉트로닉머티리얼즈를 인수하며 반도체 재료 시장에서 힘을 발휘해 소재 경쟁력을 한층 끌어올렸다. 한국 머크의 김우규 대표이사도 이 회사 출신이다.

2019년에는 소재 전문기업 버슘머트리얼즈와 인터몰레큘러를 인수했다. 이들의 역량을 통합해 머크는 여러 웨이퍼 공정 단계에 필요한 통합 솔루션을 강화하고, 소재를 넘어 공급 장비와 컨테이너, 서비스까지 전문성을 확보했다. 버슘머트리얼즈와 인터몰레큘러를 통합해 미래 성장을 위한 최고의 지위를 확보한 머크는 2020년 6월 1일 반도체 사업을 강화하기 위해 반도체 소재 부문과 공급·서비스 부문을 반도체 솔루션 사업부로 통합하며 의지를 다졌다.

'반도체 허브'로 거듭나고 있는 한국은, 반도체 분야에 힘을 쏟고 있는 머크에 너무나 중요한 시장이다. 2020년 머크는 경기 평택 송탄 산업단지에 한국첨단기술센터(K-ATeC)를 개소했다. 한국은 머크의 중요한 혁신·생산 허브다. 기술센터 완공해 역량을 확장하기 위해 350억 원 이상 투자했다. K-ATeC는 고객 평가를 위한 샘플링 랩, 전문 설비 갖춘 클린룸 등으로 구성된다. 고도화된 CMP 슬러리와 포스트 CMP 클리닝에 대한 연구·개발을 하고 있다.

머크 평택 사업장에는 새로이 개소한 첨단기술센터 외에도 차세대 CMP 소재에 대한 '베스트 인 클래스'(특정 약종에서 최고 효능을 보유한) 제조센터가 있다. 평택 사업장은 한국 내 고객 과 가까이 있어 협업과 지원으로 최적의 마케팅을 할 수 있다.

"한국은 아시아에서도 최적의 테스트 마켓입니다. 한국에서 제품을 시험함으로써 세계적으로 성공할 수 있습니다. 머크의 한국 고객들은 지금까지 최첨단의 지위에 있었고, 지금도 업계를 이끌고 있습니다. 그만큼 사용하는 제품에 대한 요구 사항도 한국이 가장 앞서 있습니다. 그래서 한국에서 성공하면 세계에서 성공할 수 있습니다. 이처럼 머크 본사에서는 전략적으로 중요한 한국에 제일 먼저 투자하고 있습니다. 최근 '소재·부품·장비' 분야에 집중하고 있는 한국의 관심과 대형 기업의 인수로 반도체 소재에 입지를 다진 머크의 힘이 만나 시너지를 이룰 것으로 기대합니다. 반도체 전체 단위 공정을 고객에게 제공할 수 있는 회사는 머크가 유일합니다."

반도체는 미래를 여는 기술의 중심에 있다. 350여 년 동안 인류의 진보를 이끌며 성장해온 머크의 관심이 반도체로 향하는 것은 당연하다. 김우규 대표가 이끄는 한국 머크의 위상이 더욱 높아지고 있는 이유이기도 하다. 한국 머크는 앞으로도 고객들과 상생 파트너십을 기반으로 공급망을 확장하고 기술을 개발하기 위한 노력을 계속할 것이며, 동시에 한국 경제발전과 성장에 적극 기여할 것이다.

# 3

팬데믹 시대의
건강지킴이

바이오 헬스 산업

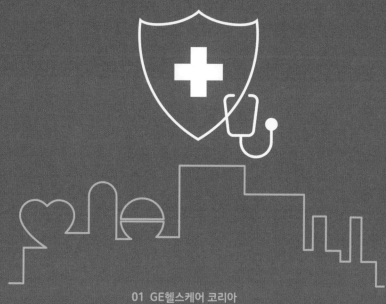

# In Country
# For the World

한국에서, 한국과 함께 글로벌 무대로 성장한다.

## GE헬스케어 코리아

GE는 토마스 에디슨이 1878년 설립한 전기조명회사를 모체로 한다. 긴 역사 동안 끊임없는 변화와 혁신을 통해 성장해온 GE는 세계 180개국에서 30만 명의 직원이 에너지·항공·헬스케어 분야에서 일하는 글로벌 첨단기술 기업이다. GE헬스케어는 헬스케어 산업에서 100년 이상 축적된 경험을 가지고 있으며, 5만 명의 헬스케어 전문 인력이 '정밀 의학' 구현의 비전 아래 일하고 있다. 한국에는 1984년 공식 진출해, 초음파, 엑스레이, CT, MRI 등 의료영상기기, 환자 모니터링 및 진단 서비스를 제공하며, 한국 헬스케어 산업의 역사와 함께하고 있다.

# 01

# 한국과 함께
# 글로벌 무대로

## 우리 삶은 GE의 역사와 연결되어 있다

현대인의 삶에 GE만큼 여러 측면에서 영향을 미친 기업도 드물다. 그 중 가장 먼저 언급해야 할 점은 바로 전 세계 사람들에게 '밤의 시간' 을 선물한 것이다. GE의 역사는 1878년 에디슨이 만든 전기조명회사 에서 시작한다. 에디슨이 전구 상용화에 성공한 것은 1년 뒤인 1879년 이었다.

한국과의 인연도 오래되었다. 1887년 조선 말기 경복궁에서 처음 불을 밝힌 전구도 GE에서 만들었다. 1882년에는 뉴욕에 미국 최초의 중앙 발전소를 세워 발전과 송전, 배전의 시대를 열면서 '세계에서 밤이 사라지다!'라는 유행어를 만들기도 했다. 에디슨이 전구를 발명한 이래로 밤은 활동과 취미, 생산과 유희, 연구의 시간이 되었다.

GE는 미국 최초로 제트엔진을 만들어 상업화하는 데 성공한 기업으로, 현재까지 판매한 엔진만 수만 개에 달한다. 지금도 전 세계 어디에선가 2초에 한 번씩 GE 엔진을 장착한 비행기가 이륙한다고 한다. 비행기를 여러 번 타본 사람이라면 적어도 한 번은 GE에서 만든 엔진으로 하늘을 날았을지도 모른다. 세계의 통합을 촉진하고 '지구촌' 시대를 연 여러 요인이 있지만 그중에서도 GE의 제트엔진은 가장 큰 역할을 했다.

GE의 또 다른 자랑거리는 1983년 세계 최초로 MRI(자기공명단층촬영장치)를 개발했다는 사실이다. GE가 MRI를 만들면서 기존에 X선이나 CT(컴퓨터단층촬영장치) 등으로 촬영이 어려웠던 인체의 부드러운 조직까지 촬영을 할 수 있게 되었다. 자세하고 선명하게 신체 구조의 단면을 볼 수 있게 된 것이다. X선 촬영이나 CT 촬영 역시 GE가 개발한 기술이었다. 현재 우리가 병을 진단하고 내 몸의 상태를 잘 알 수 있게 된 것은 GE 덕분이라고 할 수 있다.

밤을 환히 밝히고, 지구의 마을들을 더 가깝게 만들고, 사람의 몸을 자세히 들여다볼 수 있게 만든 기업 GE. 물론 기업의 영광을 드높였던 더 많은 빛나는 역사가 있지만 이쯤으로 충분할 듯하다. 확실히 우리 삶의 많은 부분이 GE의 역사와 연결되어 있다.

## '기업회생 전문가' GE에 입성하다

굳이 조선 말기 경복궁에서 불을 밝힌 GE 전구까지 거슬러 올라가지 않더라도 GE코리아와 한국의 인연은 제법 오래되었다. GE코리아의 홈페이지에 이런 인사말이 나온다. "GE코리아는 1976년부터 한국에서 비즈니스를 시작해 대한민국의 현대 산업발전과 그 궤를 같이해왔습니다. 한국이 글로벌 시장에 갖고 있는 연구·개발 역량, 국가 경쟁력, 다양한 에너지 믹스 등을 최대한 레버리지하면서 '한국을 위한 GE, GE를 위한 한국'을 기치로 에너지, 항공, 헬스케어 등에서 고객 서비스를 하고 있습니다." '한국을 위한 GE, GE를 위한 한국'이라니 포부가 대단하다.

GE코리아 총괄사장으로 부임한 강성욱 대표는 2019년 말부터 GE 헬스케어 코리아 대표도 겸하고 있다. GE코리아가 헬스케어 사업에 거는 기대, 또 GE헬스케어가 한국에 거는 기대가 느껴지는 대목이다.

강성욱 대표는 한국에 진출한 지 수십 년이 넘은 GE코리아 역사에서 파격적인 인물로 꼽힌다. 그동안 GE 내부에서 대표를 선임해왔던 데 비해 외부에서 처음으로 영입한 대표다. 첫 직장이던 한국IBM을 비롯해, 탠덤컴퓨터 동아시아 사장, 컴팩코리아 대표이사, 한국휴렛팩커드의 엔터프라이즈시스템 사업 담당 사장 그리고 GE코리아 이전에는 시스코시스템즈 아시아·태평양 지역 총괄 사장을 맡았다. 모두 글로벌 기업의 한국지사이거나 외투기업이라는 공통점이 있다. 대형 기업을 경영해보고 글로벌 경험이 풍부한 것이 GE코리아에 발탁된 이유일 것이다.

강성욱 대표는 한 인터뷰에서 자신을 '턴어라운드 전문가'로 규정한 바 있다. 턴어라운드란 기업회생을 말한다. '회생'이라는 말이 부담스럽다면 좀 더 부드러운 정의도 있다. '침체된 조직을 생동감 넘치는 조직으로 급속히 바꾸는 조직개혁'을 뜻한다. 강성욱 대표는 여러 기업을 거치면서 기울어가는 회사를 되살린 경험이 많다. 그 경험에서 '턴어라운드 전문가'라는 자기 규정이 나왔다.

강성욱 대표의 일화 중 탠덤에서의 일이 잘 알려져 있다. 1990년 탠덤컴퓨터에 입사하고 얼마 지나지 않아 강성욱 대표는 홍콩으로 파견 명령을 받았다. 홍콩 조직이 수익을 내지 못하니 일부만 남기고 구조조정 하라는 임무가 주어졌다. 하지만 홍콩에서 탠덤 서비스를 받는 기업 고객들을 만난 뒤 강성욱 대표는 생각을 바꿨다. 홍콩 금융시장이 급속도로 성장하고 있으니 증권거래소, 은행, 통신 업체 등에 24시간 제공하는 서버 서비스 등 핵심 사업에 집중한다면 경쟁력이 있다고 판단한 것이다.

며칠 뒤 탠덤 미국 본사에 "충분히 흑자를 낼 수 있으니 시간을 주면 살려보겠다"라고 보고서를 보냈다. 그가 여러 차례 정상화 근거를 담은 보고서를 제출하자 본사에서 기회를 주었다. 대신 '살리지 못하면 당신이 1순위 구조조정 대상'이라는 조건이 붙었다. 탠덤의 홍콩 비즈니스는 8개월 만에 수익을 내는 조직으로 거듭났다. 강성욱 대표는 5년 뒤 서른네 살의 나이로 탠덤 동아시아 대표 자리에 올랐다.

## 지금 가장 뜨거운 산업, 헬스케어

헬스케어는 전 세계적으로 성장하고 있는 산업이다. 2000년대 초반까지만 해도 헬스케어는 낯선 단어였다. 당시 헬스케어 산업에 해당하는 일반적인 용어는 건강·의료였다. 지금도 건강·의료가 헬스케어의 기본 중의 기본임은 물론이다. 하지만 헬스케어라는 말에는 병의 진단과 치료를 통해 건강한 삶을 찾아가는 것 이상으로 질병 예방과 관리 개념이 더해졌다. 한 사람의 몸과 마음을 적극적이고 상시적인 방법으로 건강한 상태를 유지하도록 관리하는 것이다.

산업적인 측면에서 헬스케어의 미래에 많은 기대가 쏠리고 있다. 중단기 미래를 내다보는 투자기관이나 미래학자, 경제학자, 정책 입안자 그리고 글로벌 기업들은 미래에 가장 큰 시장을 형성할 산업으로 헬스케어를 꼽는다. 이들은 기술 발달과 더불어 현대인들의 건강을 향한 관심과 고령화 사회 진입 등으로 헬스케어 시장이 지속해서 성장할 것이라 예상한다. 앞으로 10년 안에 헬스케어 산업이 전 세계 신규 부가가치의 40% 이상을 차지할 것이라는 전망까지 나왔다.

헬스케어 산업이 확실히 자리 잡은 미국의 경우 2017년 기준으로 1인당 의료비가 OECD 회원국 중 1위로 1만 209달러에 달했다. 한화로 약 1,105만 원 정도다. 미국 인구의 10%만 이 금액을 사용해도 300조 원이 넘는다. 세계에서 가장 빠르게 헬스케어 산업이 성장하고 있는 중국의 2019년 헬스케어 시장 규모는 2,884억 위안이었다. 한화로 약 50조 원에 해당하는 규모다. 아직은 작은 규모지만 중국에서 이제 막 성장하기 시작했다. 전 세계에서 가장 많은 인구를 자랑하고, 빠르게 고령화 사회로 진입하고 있는 만큼 중국의 헬스케어 산업은 당분간 폭발적인 성장세를 계속할 것이다.

미국과 중국만이 아니다. 세계 모든 곳에서 헬스케어 시장과 산업은 성장세를 보이고 있다. 이에 따라 기존의 헬스케어 관련 기업들만이 아니라 정보통신기술을 대표하는 글로벌 대기업인 애플, 구글, 삼성 등도 헬스케어 분야에 적극적으로 진출하고 있다.

그렇지만 이런 장밋빛 지표만이 헬스케어 산업의 전부가 아니다. 헬스케어는 복잡한 영역이고 나라마다 시장 상황과 수준이 모두 다르다. 강성욱 대표의 말에 따르면 "헬스케어 시장은 나라끼리 다르고, 나라의 진행 스테이지에 따라 또 다르다"고 한다. 가령 한국은 세계적으로 고령화 속도가 가장 빠른 나라다. 초고령화 사회에 진입한 한국과 인구 구성에서 젊은 세대의 비중이 압도적이고 인구증가율도 높은 아프리카 국가들과는 헬스케어 솔루션과 시장이 완전히 다를 수밖에 없다.

"나라마다 헬스케어 산업이 집중해야 할 영역이 차이가 납니다. 어디에 더 우선할 건지 다를 수밖에 없어요. 전체적으로 젊은 인구가 많은 나라와 그렇지 않은 나라들이 차이가 나겠죠. 또 고령화 사회라고 해도 진행 단계마다 각기 다른 대처가 필요할 겁니다."


## 다이내믹 코리아, 다이내믹 헬스케어

GE헬스케어는 연간 매출 167억 달러에 이르는 GE의 중요한 사업부 중 하나다. GE헬스케어는 헬스케어 테크놀로지와 디지털 솔루션 통합

경기도 성남에 있는 GE초음파 코리아 전경.

**기술 발달과 더불어 현대인들의 건강을 향한 관심과 고령화 사회 진입 등으로 헬스케어 시장이 지속해서 성장할 것이다.**

을 이끌고 있으며, 지능형 의료기기, 데이터 분석, 애플리케이션 서비스 등으로 의료진들이 빠르고 정확한 진료를 할 수 있는 기술을 제공한다. 100년 이상 축적된 경험과 전 세계 여러 나라에서 연구·개발 중인 약 5만 명의 헬스케어 전문 인력이 GE헬스케어의 강점이다.

한국에는 1984년에 공식적으로 진출해, 초음파, 엑스레이, CT, MRI 등 의료영상기기, 환자 모니터링과 진단 서비스를 제공하며, 한국 헬스케어 산업의 역사를 이끌고 있다. GE헬스케어는 한국 파트너와 상생을 위해 지속해서 협력하며, '한국에서, 한국과 함께 글로벌 무대로 성장한다'는 전략을 가지고 있다.

실제로 GE헬스케어가 지난 수십 년 동안 한국에서 거둔 성과는 놀랍다. GE헬스케어는 한국 의료산업의 선도적인 파트너로 GE헬스케어에서 생산한 1만 5,000대 이상의 의료장비(CT, MRI, 초음파)가 국내 여러 의료기관에 탑재되어 있다.

1994년에는 성남에 글로벌 초음파진단기기 생산기지인 'GE초음파 코리아'를 설립했다. 한국의 기술력, 훌륭한 인재, 우수한 제품 품질 등을 GE에서 인정하고 투자한 것이다. GE초음파 코리아의 강점은 세계적인 수준의 연구·개발 인재 역량을 통해 우수한 품질과 기술력을 지닌 공급망을 갖추고 있다는 점이다.

GE초음파 코리아에서 국내 엔지니어링 기술로 개발한 초음파 진단기기는 생산량의 95%를 160여 국가에 수출하고 있다. 초음파 진단기기 부문에서 GE가 전 세계 시장 점유율 1위를 기록했는데, 그중 40% 정도가 한국에서 생산된다. 연간 약 4,000억 원 정도의 매출을 기록한다. 지금보다 더 높은 수준의 기술 장비를 한국에서 제조할 가능성도 있다. 현재 나와 있는 초음파 진단기기 중 가장 고성능의 하이엔드 장비 생산지가 한국으로 바뀌기도 했다. 앞으로 하이엔드 장비의 개발과 생산도 한국에서 하기로 결정된 것이다. 그만큼 GE헬스케어 안에서 한국의 비중이 점점 더 커지고 있다.

강성욱 대표는 글로벌 헬스케어 시장에서 한국이 갖는 독특한 위치를 강조한다. GE헬스케어 입장에서 한국은 헬스케어 산업 혁신의 선두주자로, 그 위상과 경쟁력, 성장 잠재력 측면에서 매우 높이 평가받고 있다.

"헬스케어 산업 면에서 보면 한국은 의료와 관련된 인재 풀이 깊고 넓다는 점이 강점입니다. 한국은 높은 수준의 의학 교육과 훌륭한 의료 전문가들을 보유하고 있지요. 한국은 연구와 진료의 질 측면에서 전 세계 5위 안에 드는 국가입니다. 글로벌 의료계의 많은 오피니언 리더들도 한국에서 배출되고 있어요. 한국은 중국과 일본에 이어 아시아에서 세 번째로 큰 경제 규모를 가지고 있지만, 시장 규모 자체보다 더 많은 활동과 연구가 진행되고 있습니다.

그리고 연구·개발을 활발히 하는 만큼 전 세계에서 가장 활발히 임상실험을 하는 국가 중 하나입니다. 한국은 새로운 기술 도입에 대한 열정이 강합니다. 새로운 기술과 혁신에 대해 매우 개방적인 문화를 갖고 있어요. 한국은 세계에서 유례 없을 정도로 의사들이 새로운 테크놀로지에 대한 갈증과 새로운 시술 방법을 시도해보고자 하는 의욕이 굉장히 강한 나라입니다. 다른 나라 의료산업이나 의료 종사자들이 '다 검증된 다음에 하겠다'라고 말할 때 한국 의료진은 '내가 도전해보겠다'라는 마인드로 접근합니다. 그 결과 한국은 파트너, 고객 및 협력사의 피드백을 받기 위해 초기에 새로운 기술을 소개하는 시장이 되었지요. 이러한 점들 덕분에 한국은 GE헬스케어에 매우 매력적인 국가입니다."

## 스마트 헬스케어는 어떤 모습으로 나타날까?

2020년 7월, 한국 정부는 코로나19 이후 국가 경제를 재편하는 620억 달러 규모의 'K-뉴딜'을 발표했다. 이 중 '디지털 뉴딜'의 10개 대표 프로젝트 중 하나로, 스마트 헬스케어 인프라가 선정되었다.

스마트 헬스케어(디지털 헬스케어)는 정보통신 기술과 보건·의료를 연결하여 언제 어디서나 예방, 진단, 치료, 사후 관리의 보건·의료 서비스를 제공하는 것을 말한다. 스마트 헬스케어는 국가가 준비하고 추구하는 미래 산업 전략이면서, 또한 GE헬스케어 등 관련 기업들이 디지털 경제 시대에 맞추어 준비해온 미래 전략이기도 하다.

스마트 헬스케어는 앞으로 어떤 모습으로 실현될까. 아직 구체적인 모습을 떠올릴 수는 없다. 인공지능·빅데이터·사물인터넷·웨어러블 디바이스·5G·클라우드 등 4차 산업혁명 시대의 새로운 기술이 헬스케어에 접목되리라 상상해볼 수 있다. 실제로 그중 일부는 이미 시도되고 있다. 분명한 건 기존에 없던 기술이 헬스케어와 융합할 거라는 점이다.

어쩌면 스마트 헬스케어의 모습은 순전히 첨단 기계와 기술만 등장하는 하이테크의 이미지는 아닐 수도 있다. 스마트 헬스케어는 여전히 지금의 의료 현장과 비슷한 공간에서 환자를 잘 진단하고 치료하기 위해 노력하는 과학과 기술의 모습을 하고 있을지도 모른다. 몇 년 전 한 동영상에서 보았던 어느 의사의 도전처럼 말이다. 일본 오키나와현 미야코지마 섬의 의사 야스카와 케이고는 자신과 환자들이 처한 지리적 상황(섬과 섬으로 서로 떨어져 있는)을 소형 첨단 진단 장비와 바다 위를 이동하는 개인 교통수단인 제트스키를 결합해 해결하고 있었다.

미야코지마는 일본의 외딴 섬으로, 도쿄에서 1,800킬로미터, 오사카에서 1,500킬로미터 떨어져 있다. 오키나와에서 가장 큰 도시인 나하에서도 300킬로미터 거리다. 섬과 섬을 잇는 배편은 별로 없는데, 섬의 인구 중 고령인구의 비율이 높은 편이라 의료 서비스에 대한 수요는 많다. 이런 문제에 직면한 야스카와 케이고 씨는 기술의 발전에 힘입어 발상의 전환을 한다. 환자가 의사를 찾아오는 게 아니라 의사가 환자를 찾아가는 것이다. 재택 의료, 방문 의료 개념이다. 먼저 모바일 PC를 사용해 현장에서 환자 정보를 발신하고, 이것을 병원 의료진 전체가 공유한다. 이를 위해 진료나 예방 치유의 효율화를 도모하는 독자적인 환자 정보 데이터 시스템을 만들기도 했다.

무엇보다 휴대용 진단 장비가 요긴하게 쓰인다. 운반하기 편리하면서 병원과 비슷한 정도의 검사를 할 수 있는 휴대용 초음파 진단 장치를 사용해 진단의 효율성과 기동성을 살린다. GE헬스케어가 만들었던 이 휴대용 초음파 진단 장치는 스마트폰 정도의 크기에 불과하지만, 환자의 장기, 심혈관, 임산부의 자궁까지 쉽게 검진할 수 있다.

앞으로 현실화될 스마트 헬스케어는 여러 가지 모습을 하고 있을 것이다. 야스카와 케이고 씨의 경험에서도 그런 모습의 하나를 상상해 볼 수 있다. 환자의 데이터가 저장되고 공유되면서 필요한 진단과 치료 방안들을 제공받을 수도 있고, 환자가 있는 곳에서 진단을 내릴 수도 있다. 환자 곁으로 병원 기능의 일부를 옮길 수 있는 것이다. 또한, 의료 행위로 지역이나 경제 형편 같은 격차를 줄일 수 있는 방안도 모색될 것이다.

야스카와 케이고 씨는 자신이 가볍게 휴대할 수 있는 첨단장비들을 동원해 병원에 오기 힘든 여러 섬의 환자들을 찾아갔다. 조건을 탓하지 않고 눈앞의 문제를 해결하는 야스카와 씨의 모습에서 스마트 헬스케어의 미래를 상상해본다. 그것은 더 잘 진단하고, 더 잘 치료하는 것이다. 인공지능·빅데이터·사물인터넷·웨어러블 디바이스·5G·클라우드 등 새로운 기술을 헬스케어에 접목하려는 K-헬스케어도 같은 미래를 상상할 것이다.

## GE발 혁명, 코로나19 이후의 헬스케어

코로나19는 인류의 삶에 큰 영향을 미치고 있지만, 특히 헬스케어 산업에 아주 직접적인 영향을 미치고 있다. 코로나19 국면에서 스마트 헬스케어의 중요성이 높아졌다. 의료 시스템의 붕괴를 막고, 의료진의 안전을 보장하기 위해 비대면 의료의 가능성을 진지하게 검토하고 있기 때문이다.

'CT 인 어 박스'(CT in a Box)는 코로나19로 특수한 요구와 상황에 대응하기 위해 GE헬스케어에서 제공하는 새로운 의료 서비스다. CT 인 어 박스는 병원 밖 장소(선별진료소 등)에 쉽게 설치할 수 있는 독립형 CT 검사실이다. 코로나19 의심 증상 환자를 진료하는 일에 의료진의 어려움이 많은 상황에서, 선별 구역 내 CT 검사를 비접촉으로 진행해 코로나19 판별과 다른 질환을 병원 바깥에서 진단할 수 있도록 해준다.

CT 인 어 박스 솔루션으로 환자는 신속한 진료를 제공받고, 의료진은 안전하게 진료할 수 있다. 코로나19 확산 이후 발열 증상이 있으면 일반 의료기관에서 진료받기 힘들지만, 선별진료소 등에 있는 독립된 곳에서 CT 인 어 박스 장비를 이용한다면 즉시 촬영해 진단·진료를 진행할 수 있는 것이다. PCR(Polymerase Chain Reaction) 키트를 이용하면 6시간 내외에 코로나19 양성 여부를 판별할 수 있고, CT 검사는 제균·방역·검사까지 15분 내외면 가능하다.

스마트 자동 포지셔닝 기술을 적용한 장비 'GE 레볼루션'으로 환자와 검사자가 만나지 않고도 비대면으로 CT 검사를 할 수 있다. 이 솔루션은 중국, 영국, 프랑스, 이탈리아, 아랍에미레이트, 인도 등 전 세계 130여 개의 선별진료소에 도입되어 활용 중이다. 코로나19로 분투하고 있는 세상에 GE헬스케어가 참전하고 있는 것이다.

2019년 말에 처음 선보인 '뮤럴'(MURAL)은 GE헬스케어가 스마트 헬스케어 시대를 맞아 내놓은 혁신적인 의료 솔루션이다. 뮤럴은 감염·중증·응급환자 데이터 통합 원격 모니터링 솔루션으로, 빅데이터로 원격 모니터링 네트워크를 구축하고 활용하는 방식의 버추얼 헬스케어 플랫폼이다. 뮤럴은 환자 상태를 모니터링하는 수많은 장치의 임상 데이터를 실시간으로 업데이트 하고, 또 데이터를 시각화해 의료진에게 환자 기록을 제공함으로써 사전에 예방할 수 있도록 하고, 의료진이 빠른 의사결정을 내릴 수 있도록 돕는다.

뮤럴은 응급실, 중환자실, 병동 등 진료 공간뿐만 아니라 원격 환자 데이터 모니터링, 원격 진단 영상 액세스 등 원거리에서도 통합적인 임상데이터를 제공해 코로나19 국면에서 더욱 활용도가 주목되고 있다.

코로나19는 병원을 비롯해 헬스케어 산업의 풍경을 바꾸고 있다. 얼마 전까지 '원격 진료'는 논란을 일으키는 민감한 주제였지만, 팬데믹을 경험하며 원격 진료를 둘러싼 찬반논쟁이 일어났다. 원격 진료가 아니더라도 '원격 모니터링'은 가능한 것이 아닌가 하는 논의도 많다. 병원 내의 감염 노출을 줄이기 위한 방법으로 적극 검토하고 있다. 무엇보다 의료진의 감염을 막는 것이 중요하기 때문이다. 접촉을 무서워하는 시대가 되면서, 접촉을 피하면서 어떻게 빠르게 진단을 내리고 조치할 수 있는지가 시대의 과제가 되었다.

강성욱 대표는 코로나19 국면이 헬스케어의 변화를 가속화할 것이라고 전망했다. 그렇지만 그 변화는 그 이전에 없던 것이 아니라 이미 시작된 변화다.

"병원은 프로세스 측면에서 개선의 여지가 많았습니다. 효율적으로 운영되지 않았어요. 종합병원을 떠올려보세요. 환자 개인이 기다리는 시간을 모두 더하면 엄청날 겁니다. 어떤 때는 몇 가지를 검사하느라 온종일 병원에서 보내기도 하잖아요. 그런 부분까지 총괄적으로 관리해서 환자 입장에서 보면 대기 시간이 줄고, 검사 결과가 빠르고 정확하게 나오며, 위급한 환자의 경우 가능한 의료진이 누구인지 정확하게 상황 판단을 내릴 수 있습니다. 또 환자의 몸 상태를 확인하면서 내일, 모레 어떤 상황일지 예측할 수 있는 그런 시스템이 있으면 좋지 않을까요? 그동안 GE헬스케어가 선보인 에디슨이나 뮤럴 같은 솔루션들이 바로 그런 역할을 목표로 했습니다.

코로나19로 헬스케어의 넥스트 노멀(Next Normal·코로나 이후의 세계)은 더욱 버추얼화(Virtual·가상의)되고 더욱 연결되리라 생각합니다. '더욱 버추얼화 된다'는 것은 의사와 환자 사이에 버추얼 케어가 빠르게 도입되어 신속한 접근이 가능해지고, 또 의사와 의사끼리도 버추얼 협진을 통해 집중치료시설(ICU), 전문의, 입원 전담 전문의 등 여러 의료진 및 전문가와 협업이 확장된다는 의미입니다. '더욱 연결된다'는 것은 진단 기기만이 아니라 침상·인공호흡기·약물 및 개인보호장구(PPE) 인벤토리 등의 정보가 의료 시스템 간 실시간으로 공유된다는 의미입니다. 팬데믹이 버추얼화와 높은 연결성을 강제할 것입니다. 그리고 그 혜택이 분명해지면서 이러한 일이 일상화되겠지요.

코로나19는 혁신 기술과 디지털 인프라를 향한 의존도를 높이고, 우리 경제와 사회에 도입을 앞당겼습니다. 이러한 트렌드에 맞추어, GE헬스케어는 뉴노멀 시대에 영상의학, 의료진의 임상 결과와 병원 운영의 효율성 증대를 위한 다양한 인공지능과 디지털 기술을 소개하

1. GE헬스케어 코리아는 안동의료원에 의료장비를 지원했다.
2. GE WISET는 이공계 전공 여성들과 글로벌 기업 여성을 이어주는 멘토링 프로그램이다.

는 데 주력할 계획입니다."

## 사회에 대한 책임

코로나19 국면에서 GE헬스케어는 사업적으로 좋은 측면과 나쁜 측면을 모두 겪었다. 나쁜 측면은 전 세계 대부분 병원이 상황이 어려워지면서 투자 계획을 취소하거나 연기했다는 점이다. 가장 먼저 대형 규모의 영상의학 장비들이 취소되거나 연기되었다. 당장 투자하지 않아도 큰 문제 없는 것들로 GE헬스케어의 주력 상품들이었다.

매출이 늘어난 것들도 있다. 가장 대표적인 장비는 인공호흡기다. 중환자들에게 필요한 인공호흡기 수량이 극단적으로 부족해지면서 포드자동차와 협력해 급히 생산물량을 늘려야 했다. 수요가 수천 배 이상 늘어났다. 누구도 예상하지 못했던 일이다.

사업적으로 결산이 중요하지만, 그게 사업의 전부는 아니다. GE헬스케어는 더 많은 사람에게 더 나은 건강을 제공하는 것을 목표로 하는 기업이다. 100년이 넘는 GE헬스케어의 역사는 헬스케어 산업 자체의 역사와 많이 중첩되어 있다. 20세기 들어 인류의 수명이 비약적으로 늘어나고, 많은 사람이 더 많은 의료 서비스 혜택을 받은 데에는 GE헬스케어의 역할도 한몫했을 것이다. 그 역사만큼이나 GE헬스케어 종사자들의 마음에 사회에 대한 책임의식이 있다.

코로나19 초기에 큰 피해를 입은 경상북도 대구 지역에 대한 지원은 이런 사회적 책임감의 표현이다. GE헬스케어 코리아는 2020년 3월 경상북도 권역 센터인 안동의료원에 초음파장비, 환자모니터를 기부했다. 코로나19 확진자와 의심 환자 검사에 사용될 초음파 장비 '베뉴고'(Venue Go)와 환자의 심전도, 산소포화도, 혈압, 체온, 호흡수 등을 측정해 환자 상태를 실시간으로 정확히 모니터링할 수 있는 장비 B105와 B125를 기부한 것이다. 대구 중심가가 아닌, 상대적으로 의료 혜택이나 장비 보급에서 불리한 조건에 있는 안동 지역에 기부한 것 역시 사회적 형평성을 배려한 의도였다.

이와 함께 GE헬스케어 코리아는 대구동산병원에 마련된 대구시 임산부 확진자 거점병원에 임산부 확진자와 의심 산모 검사를 위해 'HD라이브'(HDLive) 기술로 태아의 혈관 구조와 장기와 연관 관계 등을 잘 판별할 수 있는 산부인과 전용 초음파 장비 'Voluson S8'(볼루손 S8)을 대여하기도 했다.

강성욱 대표는 코로나19 사태를 거치며 더 GE헬스케어 코리아의 비전을 자각한 것 같았다. 강성욱 대표가 이야기한 나사(NASA)의 전광판 얘기는 코로나19뿐만이 아니라 언제든 다시 올 팬데믹에 대응하는 우리의 각오로 들렸다.

"전체를 조망할 수 있는 것이 필요합니다. 지금 같은 코로나 상황이 더 심각해졌다고 생각할 때, 중증 환자를 수용할 수 있는 음압병동에 누가, 얼마나 들어가 있는지, 환자 하나 하나가 어떤 상황인지, 의료진이 몇 명이고 누가 배치되어 있는지, 추가로 환자가 발생하면 바로 어디로 가야 하는지, 의료진은 어떻게 신속하게 배치해야 하는지… 이런 것들을 실시간으로 파악할 수 있어야 합니다.

실시간 상황을 아는 것만이 아니라 앞으로 상황도 예측할 수 있어야 하고요. 그런 시스템을 운영해 전국이 연결되어야 합니다. 나사의 큰 전광판을 상상해보세요. 우주로 발사하는 것과 관련한 모든 사안이 그 전광판에 뜨고, 그것과 관계된 모든 사람이 그 전광판을 보면서 전체 네트워크가 연결되고, 함께 상황을 공유하고 고민합니다. 나사의 전광판처럼 한군데에서 전체 병원 상황을 파악할 수 있어야 해요. 병목 현상을 없애야 하고, 이런저런 실시간 대책을 세우고, 입·퇴원이 몰리는 시간을 피하는 등의 전체 운영을 모니터링해야 합니다. 그러면 예측이 가능해지고, 결정까지 할 수 있어요. GE헬스케어 코리아는 이것을 플랫폼으로 구현하려고 합니다."

# We save lives and ignite all that's possible in every-body

우리는 모든 사람의 건강과 생명을 살리는 데 최선을 다합니다.

## 한국 존슨앤드존슨메디칼

한국 존슨앤드존슨메디칼은 135년의 역사를 가진 글로벌 존슨앤드존슨 그룹의 계열사로 의료기기 전문업체다. 1988년 국내에 진출해 전국 주요 병원에 수술용 봉합사, 인공관절, 혈관질환 치료기구, 여성질환 전문 치료기구, 내시경 수술기구 및 자동 봉합기 등 다양한 제품을 공급하면서 연간 매출 규모 약 2,670억 원의 중견기업으로 성장했다. 직원 수는 약 300명이다.

# 02

# 우리의 신조(Our Credo!)
# 33년 의료 기기 분야 혁신을 이끌다

**성장 거듭해온 존슨앤드존슨 그룹의 의료기기 전문업체**

세상의 그 어떤 제품이든 중요하지 않은 것은 없다. 다만 의약품이나 의료기기, 의료 관련 제품들은 우리의 생명과 직결된다는 점에서 누가 어떤 용도로 만들었느냐에 시선이 집중된다. 국내기업도 웬만큼 역사와 신뢰를 쌓지 않고서는 꾸준히 성장하기 쉽지 않은 분야다. 제품 개발에서부터 상용화에 이르기까지 긴 시간과 까다로운 절차를 거쳐야 하고 제품에 대한 책임 또한 크다. 이는 곧 2020년 한국 진출 33년을 맞이한 한국 존슨앤드존슨메디칼의 위상을 대변하는 말이기도 하다.

1988년 한국 의료계 시장에 진출한 한국 존슨앤드존슨메디칼의 입지는 한마디로 '탄탄하다'. 규모가 이를 입증해준다. 2019년 기준 연간 매출 규모 약 2,670억 원, 직원 수 300명으로, 취급 품목 200여 종을 생산했다. 최근 몇 년간 매출 성장 추이를 보면 2017년 2,475억 원, 2018년 2,545억 원, 2019년 2,670억 원으로 매년 4% 이상 증가했다. 보수적인데다 신뢰를 바탕으로 한 기술영업이 필수인 국내 의료기기 시장에서 이 같은 성장의 비밀을 알기 위해서는 먼저 모기업인 다국적기업 존슨앤드존슨(Johnson & Johnson)의 이력을 거론하지 않을 수 없다.

2019년 미국 경제지 〈포춘〉 선정 500대 기업 중 37위를 기록한 세계적인 기업 존슨앤드존슨은 '세계 1위 종합헬스케어 기업'이다. 1886년 미국 뉴저지주에 설립되어 135년의 역사를 가진 이 글로벌 기업은 60개 국가에 진출했으며, 직원 수는 2019년 기준 13만 2,200여 명에 달한다. 인류의 건강을 증진시키고 삶의 질을 향상시키기 위해 혁신적인 소비자 제품, 전문의약품, 생물학적 제재, 의료기기, 진단 장비 등 다양한 헬스케어 제품과 서비스를 제공한다. 또한 사회공헌활동으로 환자와 고객, 지역사회에 보답하는 파트너가 되고자 한다.

한국에 존슨앤드존슨이 본격적으로 진출한 해는 1983년이다. 타이레놀, 울트라셋, 토파맥스 등 전문 의약품 제조사로 잘 알려진 한국얀센이 경기도 화성에 생산설비를 갖추고 출발했다. 같은 해 계열사 한국 존슨앤드존슨은 청주에 생산 거점을 마련해 한국 시장에 본격 발을 들여놓았다.

존슨앤드존슨은 영업 부문을 크게 의료기기·제약·소비재 취급 제품 등 세 가지로 구분한다. 현재 한국에는 사업 부문별로 구분해 한국 얀센은 제약 부문을, 존슨앤드존슨(JNJ) 비전은 콘텍트렌즈를, 한국 존 슨앤드존슨은 소비자 제품을, 한국 존슨앤드존슨메디칼은 의료기기를 맡는 등 4개 사업부로 나눠 운영하고 있다.

존슨앤드존슨의 한국 내 인지도는 비교적 빠르게 확산되었다. 감기는 물론이고 해열제 및 각종 통증 완화제로 유명한 한국 존슨앤드존슨의 '타이레놀'이 국민 비상약품으로 불릴 만큼 높은 신뢰를 받았다. 게다가 화장품, 베이비오일, 로숀, 크림, 비누, 세정제 등의 제품이 일반 소비자에게 발 빠르게 다가서면서 '존슨앤드존슨' 기업과 브랜드 이미지를 폭넓게 알렸다. 특히 로숀, 크림, 베이비오일 등은 한국 경제성장과 함께 1980년대 들어서면서 일반 소비자들이 피부에 관심이 증폭되었던 시기에 전폭적인 마케팅을 했다. 시장 접근 타이밍이 잘 맞아떨어진 것이다.

어떤 제품이든 유통망을 구축하고 시장을 확보하기 위해서는 소위 '맨 땅 위의 헤딩'을 해야 한다. 하지만 존슨앤드존슨은 한국 시장에 접근하기 수월했다. 한국 존슨앤드존슨메디칼은 한국얀센과 한국 존슨앤드존슨이 먼저 제품과 브랜드 이름을 알린 후 5년 후 한국에 들어왔다. 동일 시장은 아니지만 동일 그룹 내 계열사로서 한국 시장의 특성을 미리 파악하고 이해하는 데 적잖은 도움을 받았다. 게다가 의료기기의 경우 한국얀센이 약국과 병원 영업으로 얻은 다양한 노하우를 쌓아 놓은 상태라 실질적인 도움을 받을 수 있었다.

서울 용산구에 있는 한국 존슨앤드존슨메디칼 본사 로비.

1988년 한국 의료계 시장에 진출한 한국 존슨앤드존슨메디칼의
입지는 한마디로 '탄탄하다'. 2019년 기준 연간 매출 규모 약 2,670억 원,
직원 수 300명으로, 취급 품목 200여 종을 생산한다. 2018년 2,545억 원,
2019년 2,670억 원 등 매년 매출 4% 이상씩 증가했다.

## 시장성 낮은 희귀성 난치질환 기기 공급에 힘쓰다

한국 의료기기 시장은 3,871억 달러의 글로벌 시장 가운데 65억 달러를 차지하고 있다. 이는 전체 시장의 약 1.68% 정도로, 세계 9위에 속한다. 퍼센트만 보면 미미해 보일 수 있으나 미국 시장이 점유하는 비중이 큰데다 앞서 선진국 대열에 진입한 캐나다, 유럽, 일본 등이 각각 차지하는 시장점유율을 감안하면 인구 대비 결코 작은 규모는 아니다.

한국 존슨앤드존슨메디칼은 글로벌 의료기기 전문회사로 현재 에티콘(Ethicon). 드퓨 신테스(DePuy Synthes). CSS(Cardiovascular Specialty Solutions)의 3개 사업 부분으로 나누어졌다. 전국 주요 병원에 수술용 봉합사, 인공관절, 혈관질환 치료기구, 여성질환 전문 치료기구 내시경 수술기구 및 자동 봉합기 등 혁신적이고 다양한 제품을 공급한다.

에티콘 사업부는 존슨앤드존슨메디칼 내에서도 100년이 넘는 생산기술과 경험을 자랑한다. 주력 제품인 봉합사 이외에도 영역을 확대해 상처 관리, 여성 건강, 유방 성형 및 재건 분야에서 다양한 기술과 제품으로 지속적인 혁신을 추구해왔다. 특히 복강경 수술에 필요한 초음파 절삭기, 각종 기기의 통로 역할을 하는 트로카(Trocar), 조직을 봉합하는 기기 등의 제품을 국내 병원에 공급하면서 수술 후 흉터와 부작용을 최소화하는 데 일조했다.

드퓨 신테스 사업부는 정형외과와 신경외과 분야에 제품과 서비스를 제공하며, 관절·척추·뇌질환 등 다양한 분야에서 환자와 고객을 위한 솔루션을 제공한다. 무릎, 엉덩이, 어깨 등의 인공관절 수술 기구와 임플란트를 비롯해, 골절 고정 시 사용되는 트라우마 제품과 일부 임플란트 고정에 사용되는 골 시멘트(Bone Cement) 제품이 잘 알려져 있다.

CSS 그룹에는 바이오센스 웹스터, 세레노부스(CERENOVUS), 멘토 등 사업부가 포함돼 있다. 바이오센스 웹스터 사업부는 심방세동과 심실빈맥 등 각종 부정맥 진단과 치료 분야를 세레노부스 사업부는 뇌동맥류 및 뇌졸중 치료에 사용되는 동맥류 코일, 혈관 재건 장치뿐만 아니라 뇌수종 관리, 신경 집중 치료, 뇌 수술을 위한 광범위한 제품을 각각 제공한다. 또 멘토 사업부는 가슴 성형과 유방 재건에 사용되는 가슴 보형물과 조직 확장기로 에스테틱 시술에 사용되는 다양한 제품을 지속해서 개발하고 생산해 판매한다.

의약이나 의료기기 전문 기업들은 영업 이익 못지않게 인류의 '생명지킴이'로서 자부심이 크다. 한국 존슨앤드존슨메디칼 또한 한국 시장에서 인류애를 실천하는 역할을 분담하고 있다는 점에 자긍심을 가지고 있다. 국내 희귀성 난치질환을 치료하기 위한 제품 개발에 앞장서 온 것도 바로 그런 이유다.

흉곽 부전 증후군(TIS)과 조기 발현 측만증(Early Onset Scoliosis) 환자를 대상으로 사용하는 제품 VEPTR(VERTICAL EXPANDABLE PROSTHETIC TITANIUM RIB·인공 확장형 금속 늑골)이 대표적이다. 흉곽 부전 증후군으로 정상적인 호흡이나 폐 성장이 불가능한 영아, 소아, 청소년의 경우, VEPTR 기기의 도움으로 호흡이나 폐 성장을 증진해 안정화할 수 있다. 또, VEPTR은 성장에 따른 흉곽 용적의 감소와 척추 변형의 진행을 개선해 호흡 기능을 유지하기 위한 제품으로, 늑골과 늑골, 늑골과 척추, 늑골과 장골을 수직으로 연결하고 성장에 따라 길이를 연장할 수 있다. VEPTR 삽입술 후 성장이 멈출 때까지 4~6개월마다 VEPTR 연장하거나 더 큰 사이즈로 VEPTR을 교환하는 과정을 반복해야 한다.

2009년부터 한국 존슨앤드존슨메디칼이 유일한 수입처로서 국내 병원에 공급하는 이 제품의 수요는 미미하다. 하지만 관련 증후군을 지닌 영아, 소아, 청소년 환자들에게는 매우 절실한 제품이다. 시장성이 매우 낮아 소수의 환자 치료 목적으로만 수입된다. 최근에는 국내 보험이 적용돼, 난치병 아이들은 이 기기로 미래를 향한 희망을 품을 수 있게 되었다.

## 한국인 경영자, 한국의 기업 문화를 이끌다

한국 존슨앤드존슨메디칼의 CEO는 한국인 유병재 대표다. 그는 한국이 모국이라는 것을 떠나 냉정하게 판단하더라도 외투기업이 한국 시장에 진출하는 데 여러 장점이 있다고 말한다.

"아시아에서 한국만큼 많은 장점이 있는 국가가 없습니다. 신제품이 출시되면 가장 먼저 한국 시장의 평가를 지켜볼 만큼 제품의 시장성과 발전성을 시험해볼 매우 훌륭한 시장입니다. 또 다른 강점은 '인재 뱅크'라는 점이죠. 한국에는 열정 넘치고 능력을 갖춘 우수한 인재들이 많습니다. 그래서 기술력을 갖춘 잠재력 있는 스타트업도 많죠.

우리 회사 또한 한국에서 우수한 인재를 발굴해 이들을 글로벌 존슨 앤드존슨의 인력으로 배출시키기도 합니다. 우수한 인재들과 협업해 상생할 수 있는 기회의 장을 마련하고자 합니다."

기업의 분위기나 문화는 CEO가 누구이냐에 따라서 다르다. 유 대표는 유니레버, 보스턴 컨설팅, 코카콜라 등 다국적기업을 거친 MBA 출신 리더로 2006년 존슨앤드존슨에 입사했다. 이후 한 계단 한 계단 올라와 12년 만인 2017년 CEO 자리에 올랐다. 한국인인데다 자기 힘으로 CEO까지 오른 그로서는 직원들의 입장과 한국 인력의 성향에 대해 누구보다 잘 안다. 따라서 직원들에게 자율성을 부여하는 동시에 자기 통제의 중요성도 강조한다. 임원이든 간부든 직원들에게 '무엇을 해라'가 아니라 '어떤 것을 도와줄까'라는 입장에서 소통해야 한다고 말한다. 사내에 벤처 프로그램인 '킥박스'(KICKBOX)를 도입한 것이 단적인 예다.

좋은 아이디어가 있는 임직원이 직접 적극적으로 아이디어를 구체화할 수 있도록 시간과 예산을 지원한다. 소속 부서나 직급에 상관없이 임직원 모두 혼자 혹은 팀 단위로 참여 가능하며, 새로운 프로세스, 파트너십, 제품 관련 내용 등 어느 것이든 아이디어를 낼 수 있다. 2020년에는 5월 28일부터 6월 30일까지 140명이 협력해 총 61개의 아이디어가 모아졌다. 8월 3일부터 사내 코치와 멘토의 도움을 받아 8주 동안 아이디어를 구체화하는 프로젝트를 시작했고 프로그램에 참여하는 직원은 본인 근무 시간의 20%를 프로젝트에 할애할 수 있다.

매니저의 적극적인 지원을 받으며, 아이디어를 구체화하는 과정에서 필요한 예산은 모두 회사에서 지원한다. 그 결과 12월 1일 혁신성, 비즈니스 임팩트, 다양성 반영 여부 등을 기준으로 평가단의 심사를 거쳐 최종 9개 팀의 아이디어가 시범사업으로 결정됐다.

현 시대의 직장인들은 기업에 이끌려가는 존재가 아닌 존중받는 인격체로서 자발적으로 일하고 성과에 만족하길 바라는 성향이 강하다. 이런 성향은 20~30대를 통칭하는 이른바 'MZ세대'(밀레니얼세대)에서 두드러지게 나타난다. 그래서일까. 유 대표는 직장 내 호칭 문화도 바꿔버렸다. 직급으로 호칭하지 않는다. 전 임직원이 이름 뒤에 '님'을 붙인다. 직장 내 의사소통 구조에서 수직적인 문화를 지양하고 수평적 관계를 지향한다.

존슨앤드존슨 그룹은 2017년 8월 남녀 직원 구분 없이 8주간 기본급 100%가 보장되는 '글로벌 육아휴직제도'를 한국에도 도입했다. 직원의 육아 지원을 강화했고, 최대 1년간 경력 계발 시간을 보장하는 '역량계발 휴직제도'와 자녀 양육을 위해 근로시간을 단축할 수 있는 '육아기 근로시간 단축 제도'로 일과 가정의 양립을 실질적으로 지원한다. 존슨앤드존슨 그룹은 기업 문화와 복지의 우수성을 인정받아 2018년 '대한민국 일하기 좋은 100대 기업' 부문 대상과 '한국에서 가장 존경받는 CEO' 상을 공동으로 수상하는 영예를 안기도 했다.

존슨앤드존슨 한국지사는 존슨앤드존슨컨슈머, 존슨앤드존슨 메티칼, 존슨앤드존슨 비전 그리고 전문 의약품을 판매하는 한국얀센 4개의 독립법인으로 운영되지만, '우리의 신조'(Our Credo!)라는 공통된 기업 철학 아래 복리후생 제도를 통합해 직원들이 잠재력과 역량을 맘껏 발휘 할 수 있는 건강한 근무 환경을 조성하기 위해 노력해왔다.


## '서울 퀵파이어 챌린지'로 한국 스타트업 키우기

발 빠른 혁신을 추구하는 기업들은 내부 역량과 자체 기술에만 의존하는 전통적인 비즈니스 방식의 한계를 인정한다. 새로운 변화에 적응하거나 이를 주도하기 위해서는 민첩하고 유연한 적응 능력이 중요하다고 생각한다. 그렇기에 안팎 구분 없이 아이디어와 기술을 적극 도입해 혁신적인 제품과 서비스를 만들고자 한다. 이를 '오픈이노베이션'이라 한다. 제약산업만 해도 국내외 시장에서 현재 활발하게 오픈이노베이션을 추구한다. 다만 의료기기 분야에서는 아직 오픈이노베이션을 활발하게 실행하지 못하고 있다.

한국 존슨앤드존슨메디칼에서 파악한 국내 오픈이노베이션의 취약점은 몇 가지 사실에 근거한다. 국내 의료기기 분야 파트너링이 주로 일회성이나 단발성 행사로 진행되며, 의료기기 분야의 파트너링 전문가도 국내에 없다. 글로벌 기업들의 BD(Business Development·사업개발) 전략 및 파이프라인에 대한 이해 또한 부족한데다 글로벌 회사에서 요구하는 수준의 자료 전달 능력도 약하다.

존슨앤드존슨의 경우, 전 세계 주요 도시에 이노베이션 센터를 운영해 혁신 기술을 개발 중인 스타트업이나 대학교, 연구소 등과 협력하는 플랫폼을 구축해놓았다. 전 세계 열두 곳에 제이랩스(JLABS)을 오픈해 바이오헬스 스타트업 기업을 인큐베이팅 하고 있다.

한국 존슨앤드존슨메디칼은 한국의 우수한 기술과 본사에서 원하는 기술이 서로 매칭할 수 있도록 체계적이고 효과적인 채널을 확보해 놓았다. 이로써 한국의 스타트업과 우수한 기술이 활발히 해외시장에 진출하기를 기대한다. 최근 이를 담당할 이노베이션 담당자를 채용했으며, 2017년부터 '퀵파이어 챌린지'로 국내 우수 기술을 발굴하여 서울시에서 운영하는 '서울바이오 허브'에 존슨앤드존슨 이노베이션 파트너링 오피스를 열고 다양한 협업 기회를 찾는 중이다.

매년 최종 2개 스타트업을 선발하는 퀵파이어 챌린지는 질환을 치료하기 위한 의약품, 의료기기, 신기술에 대한 혁신적인 아이디어 공모전으로 존슨앤드존슨 이노베이션(Johnson & Johnson Innovation) 산하 제이랩스가 전 세계 각국에서 진행한다.

2017년 1회 때에도 2개 기업이 선정되었다. 첫 번째로 치료제, 의료기기 및 디지털 헬스케어 기업 '지파워'(GPOWER)가 선정되었다. 이 회사는 사물인터넷(IoT) 기반의 피부 측정 장비와 긁기 행동 센서를 활용한 홈 케어 솔루션 개발했다. 지파워는 퀵파이어 챌린지로 상당한 금액을 투자받았으며, 미국에 지사를 설립하고, 원격의료 시범 서비스를 개시하는 계기를 마련했다.

두 번째 선정 업체는 '뉴아인'(NuEyne)이었다. 뉴아인은 조직 공학과 신경 조절 기술을 활용한 안구질환 치료 기기 개발 업체다. 이 기업 또한 투자유치에 성공했다. 2018년에는 '메디픽셀'(Medipixel)과 '바이랩'(BiLab)이 2019년에는 '이마고웍스'(ImagoWorks)와 '시벨'(Sibel)이 선정됐다.

2020년 제4회 서울 퀵파이어 챌린지 공모전은 '2020년 뉴노멀 시대의 헬스케어'라는 주제로 한국얀센, 존슨앤드존슨, 한국보건산업진흥원, 서울시가 공동 개최했다. 전 세계 30여 개국의 (예비)창업자 및 연구자 100여 팀이 참가했으며, 서류심사와 발표 평가를 거쳐 최종 2개 기업으로 '디씨메디컬'(DC Medical)과 '딥메디'(deepmedi)가 선정됐다.

디씨메디컬은 전기 임피던스 분광법(EIS·Electrical Impedance Spectroscopy) 기술을 이용해 산모의 조산 가능성을 판단하는 이동 진단 장치와 의료기기를 개발해 상용화하고, 딥메디는 딥러닝과 영상 처리로 스마트폰 센서 기반의 건강 정보 추정 기술을 개발해 제공하는 아이디어로 수상했다.

이들 두 기업은 각각 1억 5,000만 원의 연구비와 함께 서울바이오 허브 1년 입주 자격과 1년간 존슨앤드존슨 계열사 전문가들에게 멘토링과 코칭, 제이랩스 글로벌 창업가 커뮤니티 참여 기회가 제공된다. 서울바이오허브의 '기업 성장 컨설팅' 및 '해외시장 진출 지원' 등 다양한 창업 프로그램을 이용할 수 있는 혜택과 함께 존슨앤드존슨의 기술 개발과 멘토링으로 글로벌 네트워크를 확대할 기회도 주어진다.

2018년 7월에는 '존슨앤드존슨 이노베이션 포럼'을 서울바이오 허브에서 개최했다. 국내 스타트업 대상 성공 전략을 공유하며 더 나은 보건의료 혁신 생태계를 구축하고자 기획했다. 이 행사는 서울시, 한국보건산업진흥원, 코트라와 함께 공동으로 진행했다. 사실 개별 기업이 이 같은 행사를 단독으로 개최하기에는 애로점이 있지만 한국 정부와 코트라 같은 유관기관의 협업이 있었기에 성공리에 마칠 수 있었다고 한다.

혁신적인 의료기기의 연구·개발은 국가를 넘어선 의료진 간의 협력으로 더욱 강화될 것이며, 이로써 4차 산업혁명을 촉발할 것으로 보인다. 글로벌 의료기기 기업들은 유망한 파트너를 지속해서 찾고 있으며, 다양한 방식으로 유망 기술을 향한 협력을 추구하고 있다.

유병재 대표는 한국의 의료 인력과 기술은 이미 세계적으로도 경쟁력이 입증되었으며 우수한 IT 기술을 기반으로 한 혁신적 의료기기 제품의 연구·개발이 활발히 진행 중이라고 전했다. 유 대표는 무엇보다 국내 의료기기 시장과 관련해 정부 차원의 적절한 대응력이 필요하다고 말했다.

"인공지능 기능을 포함한 첨단 의료기기와 디지털 솔루션이 빠른 속도로 보급되고 있어요. 의사를 보조해 병원에 축적된 정보를 바탕으로 방대한 데이터를 구축하고 이를 다시 학습한다면, 치료 비용과 시간을 줄일 수 있고 진단과 치료의 정확도도 향상할 것으로 기대합니다. 한국의 우수한 기술을 가진 회사들이 인공지능을 활용한 영상·진단 분야에서 앞서 나가고 있으며 앞으로도 많은 회사가 이 분야에 도전하리라 기대하고 있죠. 인공지능과 데이터 활용에 대한 발전 속도가 매우 빠르게 진행되고 있지만, 제도 측면에서 그 속도를 따라가지 못하고 있는 것 같습니다. 특히 기존의 보상 체계는 인공지능을 포함한 새로운 기술의 도입과 활용을 적극적으로 포용하지 못합니다. 빠르게 발전하는 혁신을 허가하고 보상하는 것은 비용, 안전, 효과성 측면에서 불확실성이 있습니다. 그러기에 정부기관, 기업, 연구기관, 병원, 시민단체가 모여 활발한 논의의 장을 마련해야 한다고 생각합니다."

## 다품종 소량 제품, 연구·생산 기회를 찾다

의료기기는 여러 생산 분야 중에서도 매우 신중해야 하는 분야다. 다품종 소량 생산을 해야 하기에, 그간 한국 시장에서 전략적인 마케팅에 집중할 수밖에 없었다. 그럼에도 불구하고 한국 존슨앤드존슨메디칼은 한국이 연구·개발하기에 장점이 많은 데다 인력이 우수해 시간을 갖고 생산설비 투자의 기회를 찾는다는 입장이다.

향후 국내 시장에서 전 세계적인 흐름인 인공지능과 디지털 전환을 적극 추진하려고 한다. 의료시장에서 데이터의 생성과 활용이 더욱 중요해져 이와 연계된 혁신적인 치료 방법과 '로봇 앤드 디지털 헬스'(Robotic & Digital Health) 솔루션을 국내에 도입할 예정이다. 폐 진단 및 치료 시술에 사용되는 로봇 플랫폼 '아우리스'(Auris)로 디지털 수술 포트폴리오를 만들고, 폐암 수술 전문 분야로 확대해나갈 예정이다. 또, 수술 워크플로우를 디지털 방식으로 설계·구현하는 직관적 모듈 플랫폼, '스파이'(SPI)를 통해 체계적인 수술 과정에 대해 교육을 지원할 수 있으며, 성과를 분석 제공하고, 함께 수술 관련 모든 절차를 자동으로 기록해 기존 문서 인프라에 통합할 수 있는 맞춤형 리포트를 제공한다. 이와 함께 APACMed(Asia Pacific Medical Technology Association·아시아 지역 의료기기 협회)와 연계해 국내 우수 스타트업과

1. 사내에 벤처 프로그램인 '킥박스'(KICKBOX)를 도입해 좋은 아이디어가 있는 임직원이 직접 적극적으로 아이디어를 구화할 수 있도록 시간과 예산을 지원한다.
2. 코로나19 극복을 위해 긴급 구호물품 키트를 지원했다.

기업이 국외로 진출할 수 있는 협업 모델도 장기적으로 구상해나갈 계획이다.

존슨앤드존슨은 유엔(UN)에서 선정한 '2030 지속가능발전목표(SDG)'에 주도적으로 동참해 열일곱 가지 목표 중 '건강 복지 증진, 양성 평등, 글로벌 파트너십' 세 영역에서 실천 목표를 설정했다. 이를 기반으로 헬스케어 기업으로서의 전문지식과 임직원들의 창의력을 발휘해 다양한 사회공헌활동으로 지역사회에 대한 책임을 다하고 있다.


## 코로나19 극복 긴급 키트 지원

사회공헌활동은 메디칼뿐만 아니라 얀센, 비전, 컨슈머헬스 등 전 존슨앤드존슨 그룹사가 함께 프로그램을 기획하고 운영한다. 현재 여성·아동 건강, 정신 건강, 눈 건강, 필수 외과적 진료에 집중하고 있다. 존슨앤드존슨 전 세계 직원들이 세계 정신건강의 날(10월 10일), 세계 시력의 날(10월 두 번째 목요일), 세계 어린이 날(11월 20일) 등에 맞춰서 여러 활동을 하고 있다. 이외에도 임직원이 본인의 재능을 기부하는 'Vital Voices VV100', 'J&J One Young World' 프로그램 등이 있다.

한국 존슨앤드존슨메디칼은 그룹 내 계열사들과 함께 한국에서 여러 지역활동을 해왔다. 특히 국제 의료 비영리단체 오퍼레이션 스마일(Operation Smile)과 함께 개발도상국의 선천성 구순구개열 환자들이 수술받을 수 있도록 후원하는 '구순 구개열 환자 수술 지원'은 인상적인 활동 중 하나다. 이외에도 국내외에서 재해나 사고가 발생할 경우,

임직원이 자발적 모금 운동을 펼치고 있으며, 세이브더칠드런이나 초록우산 어린이재단 등에도 비정기적으로 후원하거나 자원봉사 활동을 한다. 2019년에는 강원도 화재로 피해를 본 지역을 돕기 위해 모금 활동과 건축 봉사를 했고, 2020년 초에는 코로나19 극복을 위해 긴급 구호물품 키트를 지원했다.

한국 존슨앤드존슨메디칼의 기업 철학은 '우리의 신조'(Our Credo)다. 이는 존슨앤드존슨의 모든 의사결정의 기반이 되는 가치 체계로 환자와 고객, 직원, 지역사회와 주주에 대한 책임의식을 담고 있다. '기업의 사회적 책임'이 일반화되기 전인 1943년에 제정된 이래 지속해서 지켜온 신념이자 철학이다.

유병재 대표는 말했다. "코로나19로 재택근무와 자율적 출근을 하면서 팀워크가 저하되거나 기강이 해이해지지 않을까 걱정 되긴 했습니다. 하지만 역시 한국 사람의 화합과 단결력이 남다르다는 것을 실감했습니다. 버츄얼치맥(화면상으로 맥주와 치킨을 함께 먹는 모임)을 하면서 서로 깊이 알아가고 이해하는 모습을 지켜봤습니다. 한국의 방역 수준이 이미 세계의 귀감이 되었고 직원들이 훌륭히 대처하는 모습을 보면서, 제가 한국인 대표라는 것이 자랑스러웠습니다. 한국 의료산업의 발전과 함께 우리도 동반성장 하기를 바랍니다."

# To create a
# better, healthier
# world for
# all people

모든 이를 위해 더 건강하고 더 나은 세계를 만든다.

## 길리어드 사이언스 코리아

1987년 미국에서 설립된 길리어드 사이언스는 의약적 요구가 충족되지 않은 분야에서 혁신적인 치료제를 연구·개발, 상용화하는 바이오 제약회사다. 2011년 설립된 길리어드 사이언스 코리아는 길리어드 사이언스의 아시아 최초 법인으로, 간질환, 후천성 면역 결핍 증후군(HIV/AIDS), 항진균 면역 영역에서 10개 제품을 출시하여 2019년 국내 매출액 1,707억 원을 기록하며, 혁신적인 신약 개발과 공급에 앞장서고 있다.

# 03

# 작지만 강한 조직이 만드는
# 혁신 신약 '완치'에 도전하다

## 길리어드처럼! 길리어드를 배우자

2009년 신종플루의 대유행과 함께 일반인에게도 익숙해진 약, '타미플루'. 수많은 사람의 목숨을 앗아갔던 신종플루를 가벼운 독감 정도로 관리할 수 있도록 만든 타미플루는 길리어드 사이언스(이하 길리어드)에서 개발했다.

미국 캘리포니아 포스터시에 본사를 둔 길리어드는 의약적 요구가 충족되지 않은 분야에서 혁신적인 치료제를 연구·개발, 상용화하는 바이오 제약회사다. 1987년, 29세의 의사 마이클 리오던이 세운 회사에서 시작해, 창업 27년 만인 2014년 매출 248억 9,000만 달러(약 28조

원)를 기록하면서 세계 10대 제약사에 진입했다. 현재 세계 140개국에서 1,400만 명 이상이 길리어드가 만든 치료제를 복용하고 있다. 작은 벤처기업으로 시작해 단기간에 세계 10위권 제약사로 성장한 비결이 뭘까? 길리어드 사이언스 코리아의 이승우 대표는 길리어드 성공의 요인을 선택과 집중이라고 말한다.

"타미플루를 개발할 때 길리어드는 인원이 300명밖에 안 되는 작은 조직이었습니다. 당시 두 가지 혁신적인 신약 후보물질을 개발 중이었는데 하나는 타미플루였고, 다른 하나는 에이즈를 일으키는 HIV 치료제 '비리어드'였습니다. 그때 하나만 선택하기로 하고 비리어드에 집중했습니다. 타미플루는 다국적 제약사 로슈에 기술 이전을 했죠. 길리어드는 처음부터 선택과 집중으로 잘할 수 있는 부분에만 온 역량을 투입해왔습니다."

길리어드는 소수 정예를 표방한다. 전 세계에 임직원이 1만 2,000명으로 비교적 작은 규모이지만 효율적인 조직을 추구한다. 그러나 2019년 기준 글로벌 총 매출액은 27조 원으로 1인당 매출은 제약 업계에서 압도적 1위다. 작은 조직을 추구해야 융통성 있고 민첩하게 의사결정을 할 수 있다. 생산의 3분의 2를 외주로 돌리고, 회사 전체가 신약 개발을 위한 연구에 몰두하고 있다.

길리어드는 항바이러스 영역에서의 전문성을 바탕으로 인류의 생명을 위협하는 질환의 치료제 연구와 개발에 힘쓰고 있다. 2019년 기준 연간 연구·개발 투자 비용만 약 91억 달러(약 10조 원)로 전 세계적으로 29건의 파이프라인 개발을 진행 중이다. HIV/AIDS, 간염과 항암제를 중심으로 400여 건의 2상, 3상 임상연구에 투자하고 있다.

길리어드는 그동안 인수·합병으로 영역을 넓혀 왔다. 1999년 항진균제 '암비솜'을 가진 넥스타를 인수하면서 판매 수익으로 신약 개발 발판과 유럽 진출의 교두보를 만들었고, 2012년에는 C형간염약 '소발디'와 '하보니' 개발사인 파마셋을 인수했다.

파마셋을 인수할 당시, 소발디는 임상2상 단계 후보 물질이었다. '이것 하나 보고 20억 달러를 투자한다는 데 무모하다'는 비판이 쏟아졌다. 실제로 인수 직후 주가도 하락했다. 그러나 빠른 시일 내, 소발디의 3상 임상을 끝마치고 하보니를 출시하면서 역량을 증명했다. 하보니는 2015년 16조 원어치가 팔리면서 그해 세계에서 가장 많이 처방된 의약품으로 기록을 세웠다.

창업 후 줄곧 바이러스 질환의 치료제 개발에 매달려 온 길리어드는 26개 치료제만으로 2019년 글로벌 총 매출액 220억 달러(약 27조 원), 시가총액 956억 달러(약 117조 원)의 글로벌 톱 클래스 제약기업으로 빠르게 성장했다.

2011년 3월, 길리어드의 한국법인인 길리어드 사이언스 코리아가 설립되었다. 아시아 최초의 법인 진출이었다.

"길리어드는 워낙 작은 회사였기 때문에 처음에는 미국에만 중점을 뒀습니다. 그러다 1990년대 말에 넥스타를 인수하면서 유럽에 지사들을 세웠죠. 그 후 10년 정도 지난 다음 아시아에 진출하면서 한국에 가장 먼저 법인을 설립했습니다. 한국은 전 국민 의료보험이 시행되고 있는 나라입니다. 그만큼 시장이 크기 때문에 일단 허가를 받고 판매가 시작되면 어느 정도 성장시킬 수 있다는 매력이 있습니다. 또한 길리어드가 집중하고 있던 B형간염에 있어 수요가 많다는 점도 한국 진출을 선택한 이유 중 하나였죠."

실제로 B형간염 내성 발현율이 유독 높은 우리나라에서 환자와 의료진들이 그토록 기대했던 비리어드를 들고, 업계의 뜨거운 관심 속에 길리어드는 국내 무대에 진출했다.

2012년 대한민국 보건복지부는 길리어드를 미국 화이자, 이스라엘 테바와 함께 '혁신형 제약기업' 롤모델로 선정한 바 있다. 대규모 글로벌 제약사들보다 규모는 작지만, 강력한 기술력을 바탕으로 적극적인 라이선스 아웃(지적 재산권이 있는 상품이나 재화의 판매를 다른 회사에 허가해주는 제도)을 통해 성장한 과정이 국내 제약기업의 특성에 잘 맞는다는 판단에서였다. 국내의 혁신형 제약기업들은 '길리어드 처럼!'(Like Gilead)이라고 외치며 앞다투어 벤치마킹에 나섰다.

## 1,000억 원대 메가 블록버스터를 만들다

길리어드의 한국 진출이 결정되고 한국지사의 첫 수장이 알려졌을 때, 제약업계의 관심은 한층 더 커졌다. '미다스의 손'으로 알려진 이승우 대표가 그 주인공이었기 때문이다. 한국MSD, 한국아스트라제네카, 한국와이어스 대표를 역임하며 거쳐 온 기업을 모두 크게 성장시켰던 이 대표는 길리어드 사이언스 코리아에서도 신화를 이어갔다. 비리어드를 1,000억 원대 메가 블록버스터로 만들었고, 소발디 등으로

1. 미국 캘리포니아주 포스터시에 있는 길리어드 본사에서 신약을 연구·개발한다.
2. 길리어드는 의약적 요구가 충족되지 않은 분야에서 혁신적인 치료제를 연구·개발, 상용화하는 바이오 제약 회사다.

길리어드가 개발한 C형간염 치료제 소발디는 국내 임상 결과, 97%,

하보니는 투여 시 99%의 완치율을 보였다. 그동안 치료가 어려웠던 C형간염에

'완치'의 패러다임을 가져온 것이다.

C형간염 치료제 시장을 이끌었다. 그 밖에도 국내 최초의 단일정 복합 HIV 치료제와 인테페론 프리 경구용 C형간염 치료제 등 패러다임 변화를 이끈 혁신 신약들을 성공적으로 안착시키며 글로벌에서 얻었던 명성을 그대로 이어갔다. 하지만 이승우 대표가 길리어드 사이언스 코리아를 출범시키며 앞세웠던 것은 매출보다 가치였다.

"2013년 길리어드에 와서 당시 30명 정도였던 전 직원이 모여 함께 비전을 만들었습니다. 여러 회사에서 모인 다양한 경력을 직원들을 하나로 뭉쳐야 했습니다. 우리는 '과연 5년 후에 이 회사가 어떤 모습이기를 바라는가'라는 화두를 가지고 많은 토론을 했고, '한국에서 가장 과학적이고 윤리적이고 환자 중심적인 회사가 되겠다!'라는 슬로건을 도출해냈습니다. 가장 과학적이고 윤리적이고 환자 중심적인 기업이 된다는 비전은 매출 규모와 관계없이 한번 도전해볼 만하다 싶었습니다. 그렇게 시작했는데 설립 5년도 되기 전에 벌써 HIV, B형간염, C형간염 시장의 리더가 됐습니다. 굉장히 보람 있었죠. 직원들과 함께 비전을 공유한다는 것이 특별히 더 좋았습니다."

길리어드 사이언스 코리아는 연구·개발을 직접 담당하지 않는다. 작지만 강한 조직이라는 원칙 아래, 한국에서 파트너십을 많이 활용한다. 유한양행과 오랜 파트너십을 갖고 있다. 유한양행과 길리어드는 이미 수차례 전략적 제휴를 해 국내 HIV 환자들에게 '스트리빌드' '젠보야'와 같은 혁신적인 신약을 공급해왔다. 유한양행은 길리어드의 글로벌 CMO(의약품 수탁생산) 중 가장 큰 파트너다.

2019년 1월에는 유한양행과 비알콜성 지방간 질환(NASH) 치료 신약후보물질의 라이선스와 공동 개발을 위해 7억 8500만 달러(8,800억 원) 규모의 기술 수출 계약을 체결했다. 유한양행은 길리어드와 비임상 연구를 공동으로 수행하고, 길리어드는 글로벌 임상개발을 담당한다.

또한 길리어드는 전 세계에서 사업화를 진행하며 유한양행은 한국에서 사업화를 담당한다. 두 회사의 오랜 파트너십과 한국지사의 가교 역할이 이와 같은 대형 계약을 가능하게 했다. 2020년 현재 70명의 각 분야 전문가들이 뛰어난 팀워크로 활동하고 있는 길리어드 사이언스 코리아는 국내 임상시험과 연구에 투자해, 우리나라 보건 의료 인프라 발전은 물론 국내에 혁신적인 신약을 빠르게 공급하고자 노력하고 있다.

## 최초의 미 FDA 승인 코로나19 치료제, 렘데시비르

2020년 1월, 중국 우한에서 폐렴 소식이 들려왔다. 1월 23일, 우한 폐렴의 원인은 신종 코로나바이러스로 밝혀졌고 우한은 봉쇄되었다. 그때까지만 해도 사람들은 1년이 넘게 지속될 코로나19 팬데믹을 상상조차 하지 못했다. 그러나 그 시점, 길리어드의 리서치팀은 빠르게 움직이고 있었다. 바이러스에 특화된 기업인 길리어드에는 항바이러스 화합물의 라이브러리가 있었고, 그동안 연구해온 수많은 결과물을 검토하기 시작한 것이다.

분석 결과 10년 전부터 에볼라 치료제로 개발했으나 효능을 입증하지 못해 중단됐던 '렘데시비르'가 코로나19의 치료제로 기능할 수 있다는 결론을 얻었다. 축적된 연구·개발의 역사 속에서 찾아낸 결과물이었다. 3월에 임상 시험을 시작했고 미국 식품의약국(FDA)이 5월 렘데시비르 긴급사용을 승인했다. 렘데시비르는 이후 세계 곳곳에서 코로나 치료제로 쓰이고 있다. 도널드 트럼프 미 대통령이 코로나19 치료를 받았을 때도 투여돼 언론의 관심을 모았다.

"치료제 역사에 없던 일입니다. 이렇게 짧은 시일 안에 전 세계적으로 임상을 하고 제조를 해서 공급한 역사가 없습니다. 우리는 이것을 회사 이익의 관점에서 본 것이 아니라, 공중보건의 위기이자 인류의 위기로 보고, 도울 수 있는 것이 있다면 무엇이든 신속하게 해야 한다고 판단했습니다. 길리어드는 항바이러스 치료제 전문기업이니까 '누군가 개발한다면 그건 우리 회사다!'라는 미션을 가지고 임했습니다. 물론 길리어드만의 능력으로 이루어진 일은 아닙니다. 다른 선택지가 없는 위급한 상황 속에서 허가 당국에서도 긴밀하게 파트너십을 발휘해 움직였기에 가능했던 일입니다."

길리어드는 코로나19 발생 초창기에 150만 도스를 전 세계에 무상으로 공급했다. 처음 150만 도스를 만들 때는 허가를 받을지 못 받을지도 모르는 상태에서 위험 요소를 안은 채 생산에 돌입했다. 허가를 기다리는 과정에서도 환자는 급격하게 늘어날 것이었고, 계산기를 튕기며 시간만 보내고 있을 수 없는 절박한 상황이었기 때문이다.

2020년 5월, 렘데시비르는 코로나19 치료제로 미국에서 응급사용이 승인된 이후 10월에는 미국 FDA의 정식 승인을 받으며, 세계 최초의 신종 코로나바이러스 감염증 치료제로 공인받았다. 공급 능력 확대를 위해 초기에 투자한 덕분에 그 시점에는 이미 미국 전역에 있는 병원에서 사용할 수 있었다. 길리어드는 최대한 많은 환자를 신속하고 책임감 있는 방법으로 돕는 것을 목표로, 2020년 말까지 렘데시비르의 개발과 공정에 10억 달러(약 1조 2,000억 원)를 투자해 공급량을 확대하기 위해 노력했다.

길리어드 사이언스 코리아에서도 코로나19 확산 초기부터 질병관리청과 식품의약품안전처를 비롯한 허가 당국과 긴밀하게 소통하며 렘데시비르의 공급을 위해 애썼다. 약품으로 허가를 받기 전까지는 전 세계에 있는 코로나19 환자들이 쓸 수 있는 유일한 통로가 임상밖에 없었다. 한국의 경우에도 임상에 참여해야 환자들에게 렘데시비르를 사용할 수 있었다.

길리어드 사이언스 코리아에서는 가능한 한 한국의 많은 병원이 참여해, 더 많은 환자에게 기회를 줄 수 있도록 힘썼고, 그 결과 3월에 시작된 글로벌 임상에 한국도 동시에 참여할 수 있었다. 신청한 지 나흘 만에 식약처로부터 중등도 코로나19 환자에 렘데시비르를 투여하는 임상 3상 시험을 전격 허가 받았다.

"한국은 세계에서 여섯 번째로 임상을 많이 하는 나라이고, 서울은 세계에서 임상을 제일 많이 하는 도시입니다. 서울은 인구가 1,000만 명이고, 수도권을 합치면 2,000만 명에 달합니다. 여기에 대형병원들이 포진해 있습니다. 그 병원들의 수준이나 의사 선생님들의 임상 연구에 대한 열정이 워낙 높아서, 길리어드뿐 아니라 많은 다국적 기업이 한국에서 글로벌 임상을 많이 진행합니다. 그동안의 경험이 코로나19 상황에서도 도움이 됐습니다."

## 한 줌어치의 약을 단 한 알로!

1994년 제66회 아카데미 시상식의 남우주연상은 배우 톰 행크스에게 돌아갔다. 그는 영화 〈필라델피아〉(1994)에서 촉망받는 변호사였으나, 에이즈로 죽어가던 동성애자 역할을 맡아 인상적인 연기를 보여줬다.

영화가 개봉된 1990년대만 해도 에이즈는 진단을 받으면 평균 2년 반 정도밖에 살 수 없었다. 그러나 이제는 에이즈로 진단받아도 젊고 건강하다면 50년까지도 살 수 있다. 불치의 병이라는 인식이 강했던 에이즈를 '만성 감염성 질환'으로 인식하도록 만든 것도 길리어드 덕분이다.

길리어드는 한국지사가 설립되기 전인 2010년에 '트루바다'의 국내 승인을 받았다. 이를 시작으로, 2019년 7월 '빅타비'까지 지난 10년간 치료제를 국내에 공급하며 국내 에이즈 시장을 주도해왔다. 다른 기업에서도 에이즈 치료제를 만들었지만 길리어드는 여기에 혁신을 더했다. 길리어드의 에이즈 치료제는 복합제 형태로 1일 1회만 복용하도록 만든 것이다. 최대 30~35개 복용하던 기존 알약을 1~2개로 줄였다. 세계 최초로 한 줌의 치료제를 하루 단 한 알로 정제하는 데 성공했다.

2018년에는 트루바다가 'HIV-1 노출 전 감염 위험 감소 요법'(Pre-exposure prophylaxis)으로 허가 받음으로써 에이즈 예방 시대를 열었다. '우리가 열심히 해야 한다. 우리가 하지 않으면 다른 사람들은 할 수 없다'는 길리어드의 과학자들의 사명감과 자부심이 만들어낸 성과다.

길리어드는 B형간염과 C형간염 치료제 분야에서도 혁신적인 결과물을 개발했다. B형간염 치료제 비리어드의 내성율은 0%다. 8년간 임상시험 추적 결과 내성 발현율이 0%임을 확인했다. 길리어드가 개발한 C형간염 치료제 소발디는 국내 임상 결과, 97%, 하보니는 투여 시 99%의 완치율을 보였다. 이제 C형간염이 생겨도 단 12주간 알약을 복용하는 것으로 100% 가까이 완치된다. 그동안 치료가 어려웠던 C형간염에 '완치'의 패러다임을 가져온 것이다. 세계보건기구(WHO)에서는 2030년까지 C형간염을 박멸하겠다는 목표를 세웠다. 길리어드를 통해 그 목표에 성큼 다가갈 수 있게 되었다.

"제약회사의 존재 의미는 바로 이러한 신약을 개발하는 데 있다고 생각합니다. 개인적으로도 저희 아버지께서 C형간염으로 돌아가셨습니다. 당시에는 약이 없었기 때문에 C형간염으로 사랑하는 가족을 잃는 것이 드문 일이 아니었습니다. 길리어드는 이제 에이즈가 없는 세상을 꿈꿉니다. 그게 10년이 걸릴지 20년이 걸릴지 모르지만 완치할 수 있는 약을 개발하고 있습니다.

B형간염에 대해서도 노력하고 있고, 세포 치료제 같은 혁신적인 항암제를 통해서도 새로운 영역의 새로운 치료제를 계속해서 개발하는 것이 우리의 장기적 목표입니다. 어떤 이들은 길리어드에서 에이즈 신약의 특허가 남아 있는데도 왜 계속 신약을 개발하냐고 묻습니다. 하지만 우리는 환자들을 위한 신약을 계속 개발해야 한다는 신념을 갖고 있습니다. B형간염의 경우도 마찬가지죠. 완치가 되면 환자가 없어

1. 길리어드 사이언스 코리아는 매년 "행복나눔 프로젝트"를 통하여 소외된 이웃을 위한 다양한 활동을 펼치고 있다.
2. 길리어드의 이름과 로고는 중동 지역에서 환자 치료에 쓰던 길리어드 나무에서 따왔다.

지지만, 계속해서 환자를 위해서 과학을 중심으로 길리어드는 혁신하고 노력하고 있습니다."

이승우 대표는 바로 이런 길리어드의 정신이 임직원들에게 자부심을 심어주고 충성심을 갖게 하는 핵심이라고 말한다. 이 대표는 신약을 통해서 희망을 주고 생명을 살리는 것이야말로 제약회사 존재의 의미라고 생각한다.


## 환자 중심의 기업이 희망 메시지를 전하는 방법

사회적 편견은 질병의 종식을 방해한다. 코로나19의 경우에도 타인의 비난이 두려워 증상을 숨기고 거짓말했던 사람들의 사례가 알려진 바 있었다. 에이즈의 경우는 심각하다. WHO에는 '90 90 90'이라는 구호가 있다. 90%가 스크리닝(집단 검진)을 받고, 90%가 치료를 받아야, 90%의 바이러스가 없어진다는 것이다.

한국의 경우는 첫 번째 단계인 스크리닝이 65%밖에 안 된다. 이를 개선하기 위해 길리어드 사이언스 코리아는 다양한 캠페인을 펼치고 있다. '아시아 태평양 레인보우 그랜트'(Asia Pacific Rainbow Grant)를 통해 에이즈 관련 비영리단체를 후원해, 에이즈 질환에 대한 정확한 정보를 전달하고 에이즈 감염인에 대한 차별적인 사회 인식을 개선시키기 위해 노력하는 것도 그중 하나다.

길리어드는 전 세계 130여 개국에 치료제를 발매하고 상업적으로는 38개국에 공급하고 있다. 비단 저소득 국가뿐 아니라 모든 나라에

의약품 접근성을 중요하게 바라보는데, 에이즈 분야에서는 전 세계적으로 가장 많은 사회공헌활동이나 교육프로그램을 운용하고 있다.

길리어드 사이언스 코리아는 한국 사회의 좋은 동반자가 되기 위해, 출범과 동시에 도움이 필요한 건강 사각지대를 다각도에서 검토하고, 지속해서 사회적 책임을 이행하고 있다. 매년 10월 20일 '간의 날'에는 해마다 다양한 행사를 열어 간 질환에 대한 이해도를 높이고 있다. 또한 '한국·아프리카 B형간염 이니셔티브'(ASOKOBI)를 통해 한국과 아프리카의 공중보건 전문가들과 함께 한국의 B형간염 대처 성공 사례를 공유하고, B형간염 극복을 위한 협력을 약속하는 자리를 마련한 바 있다.

또, 매년 '희망갤러리'를 열어 젊은 작가들의 작품을 전시하고 자선 경매를 진행하여 여기에서 나오는 수익금을 자선단체에 기부한다. 처음에는 간 질환 환자들을 돕기 위해 시작했지만, 이제는 모든 환자에게 미술 작품을 통해서 희망 메시지를 전하고 치유를 기원하는 자리가 되었다.

그 밖에도 매년 다른 주제로 건강 소외 계층을 돕는 '행복나눔', 임직원들의 걸음이 모여 환자들의 치료비가 되는 'We can't, We can 챌린지 캠페인' '찾아가는 다문화가정 검진사업' '동성애자 HIV/AIDS 검진사업지원' 등이 있다. 이러한 지속적인 사회공헌활동으로 2019년 7월, '제6회 사랑나눔 사회공헌 대상' 시상식에서 보건복지부 장관상(사회복지 부문 대상)을 받았다.

이 밖에도 질병 검진을 지원하는 'KRX국민행복재단의 검진버스

대여비를 지원하는 찾아가는 다문화가정 검진사업' '에이즈 감염자의 조기발견 및 치료하는 동성애자 HIV/AIDS 검진사업 지원' 등도 빼놓을 수 없는 활동이다.

초기에는 비즈니스 영역의 소규모 환자 대상의 행사 위주였지만 점차 전체 커뮤니티로 확대하는 작업을 하고 있다. 서울역 앞 쪽방촌에 직원들이 직접 조립한 가구를 나누고 배달하는 행사처럼 사회 소외계층을 위한 사업도 늘렸다. 2018년 7월부터는 전 직원의 자원봉사 활동을 지원하기 위해 1년에 하루, 자원봉사의 날을 위한 휴가 혜택을 주고 있다.

2020년 3월, 코로나19로 기초 생필품과 개인 위생용품 확보에 어려움을 겪고 있는 취약계층을 지원하기 위해 1억 원의 성금을 희망브리지 전국재해구호협회에 전달했다. 성금은 전국의 코로나19 취약계층에게 생필품 키트와 마스크, 소독제 등 구호물품을 지원하는 데 사용됐다.

길리어드는 책임감(Responsibility), 파트너십(Partnership), 지속성(Sustainability), 적응성(Adaptability) 네 가지 원칙을 기반으로 사회공헌 활동을 전개해나가며, 전 세계 환자들이 경제 사정과 지역을 넘어 한계 없이 치료 혜택을 받을 수 있도록 치료제 접근성 강화에도 최선을 다하고 있다.

특히 저소득 국가의 에이즈, 바이러스성 간염, 내장 레슈마니아증 치료 접근성 강화를 위해 치료제 가격을 낮추는 데 초점을 두고 있다. 또한 국가별 소득 수준과 유병률을 고려한 오리지널 치료제의 가격차등제를 시행하고 있으며, 제네릭(복제약) 제조사와 자발적으로 협력하고, 특허를 공유해 저소득 국가에 높은 품질, 낮은 가격의 제네릭이 공급될 수 있도록 하고 있다.

저소득 국가에는 의약품 접근성을 높이기 위해 해당 지역 제네릭사와 파트너십을 맺고 '특허 기부' 모델을 활용한다. 이를 통해 다양한 아프리카 국가를 비롯 태국, 인도 등 1000만 명이 넘는 환자가 저렴한 가격으로 에이즈 약을 공급받는다. 이러한 노력으로 저소득, 중소득 국가 약 870만 명의 에이즈 감염인들이 길리어드 치료제 혜택을 받고 있다. 또한 지난 9년간 제네릭 약가가 약 80% 감소해, 환자 한 명당 한 달 치료 비용이 3.5달러까지 저렴해졌다. 이집트 등은 최빈국으로 만성 C형간염의 유병률이 높은데 동일 특허 기부 모델을 이용해 100만 명 이상의 C형간염 환자 완치되었다.

'길리어드'라는 이름은 중동 지역에서 환자 치료에 쓰던 나무에서 따온 것이다. 길리어드의 로고에 나타난 나뭇잎과 방패는 길리어드 나무에서 나오는 연고처럼 질병으로부터 고통받는 환자에게 희망을 주는 것을 의미한다. 나뭇잎은 과학을 통해 생명을 위협하는 질병을 치료하고 진전을 주는 것을, 방패는 질병으로부터 보호하는 것을 의미한다. 더 많은 이가 질병으로부터 자유로워질 수 있도록 혁신적인 신약 개발과 확산을 위해 길리어드는 지금 이 시간에도 쉼 없이 움직이고 있다.

# Do more,
# feel better,
# live longer

더 건강하고 더 활기차게 삶을 영위할 수 있도록.

## 한국 글락소스미스클라인

글락소스미스클라인(GSK)은 과학 주도의 혁신적인 치료제와 백신, 컨슈머 헬스케어 제품을 연구·개발, 제공하는 글로벌 헬스케어 회사다. 1986년 처음 한국에 진출한 이래 다양한 글로벌 연구·개발 임상연구를 국내에 적극 유치하는 한편, 글로벌 인재 양성과 지속적인 사회공헌활동 등 책임 있는 기업 활동을 수행하며 신뢰할 수 있는 헬스케어 파트너가 되고자 노력하고 있다. 현재 국내에서 'GSK 한국 법인'과 'GSK 컨슈머 헬스케어 코리아' 두 개의 법인을 운영 중이다.

# 04

# 과학 기술로 생명을 구하고
# 세상을 변화시킨다

## 5대 제약사가 통합된 세계 최대 제약사

영국에 본사를 둔 세계적인 제약사 글락소스미스클라인은 2000년 글
락소웰컴과 스미스클라인비첨이 합병하며 탄생했다. 글락소·웰컴·스
미스·클라인·비첨 이렇게 5대 제약사가 하나로 통합된 초대형 제약회
사다. 5대 제약사는 300년에 가까운 역사를 공유하며 크고 작은 21개
제약사를 합병해, 오늘날 전체 26개 기업이 인수·합병을 거쳐 거대 제
약사로 거듭났다. 합병 회사의 2000년 매출액은 274억 달러로 세계
제약시장의 7%를 차지하는 규모다.

우리나라에서는 세계 최다 판매 의약품 자리를 10년이나 유지했던

궤양 치료제 '잔탁'과 잇몸약 '파로돈탁스' 등으로 잘 알려져 있다. 사람들이 더 활기차고 건강하게 삶을 영위할 수 있도록 돕는 것을 사명으로 혁신적인 치료제, 백신, 컨슈머 헬스케어 제품을 연구·개발·생산하고 있다. 2019년 기준, 한해 동안 전 세계에 약 23억 팩의 의약품, 7억 1,000만 도스의 백신, 42억 개의 컨슈머 헬스케어 제품을 공급하며, 수백만 명의 건강 증진을 돕고 있다.

글락소스미스클라인은 제약·백신·헬스케어 등 3개의 글로벌 비즈니스를 통해 차별화된 고품질의 헬스케어 제품에 집중하고 있다. 제약 분야에서는 호흡기, 후천면역결핍증후군(HIV), 면역염증 및 종양학 치료제 시장을 선도하며 다양한 혁신 신약과 만성 질환 치료제를 제공한다. 또한, 면역학과 인간 유전학, 첨단 기술에 집중된 연구·개발 전략으로 의약품 파이프라인을 강화하고 있다. 지난 50년 동안 천식, 만성 폐쇄성폐질환(COPD) 등의 호흡기 질환 치료제 분야를 선도했으며, 최초의 HIV 치료제 개발과 HIV 치료와 예방법 혁신에 헌신했다. 루푸스, 류머티스 관절염 등 면역·염증 분야 연구를 강화해왔다. 이 밖에도 15개 종양 치료제를 비롯해 39개의 신약 후보물질을 개발 중이다.

글락소스미스클라인은 세계 최대의 백신 기업이기도 하다. 전 연령기에 걸쳐 질병 예방에 도움이 되는 백신 포트폴리오를 제공하고 있다. 의료적 수요와 시장 잠재력이 높은 감염병을 예방할 수 있는 백신을 개발하는 데 집중해, 현재 스물두 가지 질병에 대해 40종 이상의 백신을 제공하고 있으며, 15종의 새로운 백신 후보물질을 개발 중이다. 글로벌 폴리오 퇴치운동, GAVI 백신연합의 폐렴구균, 로타바이러스,

글락소스미스클라인 영국 본사 전경.

글락소스미스클라인은 과학 기술을 활용한 세계 보건의 향상에 기여하고자

노력하고 있다. 3대 우선 질환(결핵·말라이아·HIV/에이즈)에 대한

치료제와 백신을 연구하는 제약사다.

자궁경부암 백신 공급 등이 대표적이다. 컨슈머 헬스케어 분야에서는 과학과 소비자 인사이트에 기반하여 소비자가 신뢰하고 전문가들이 추천하는 혁신적인 헬스케어 제품을 제공한다. 2019년에는 화이자와 새로운 컨슈머 헬스케어 합작회사 설립을 완료하며 조직을 새롭게 정비했다.

글락소스미스클라인은 환자와 의료 전문가에게 향상된 치료 경험을 제공할 수 있는 혁신적인 제품을 개발하고 있다. 특히 호흡기 질환, HIV 등에서 신약 출시, 최초의 말라리아 후보 백신 개발, 대상포진 후보 백신에 대한 긍정적인 3상 임상 결과 등의 성과를 발표했다. 2019년 기준, 글로벌 총 매출액은 약 51조 4,000억 원, 글로벌 연구·개발 투자액은 약 7조 원 규모에 달한다.


## 눈부신 성장으로 한국 지사의 위상을 높이다

1986년, 세계 2위의 거대 제약기업인 영국 글락소가 한국의 종근당과 50:50 합자투자회사인 '한국 그락소'를 설립했다. 이것이 글락소스미스클라인 한국지사의 출발점이다. 1995년 글락소 그룹은 종근당과의 합작 관계를 청산하고 독자적으로 한국 시장에 진출하며 경기도 안산 반월공단에 연건평 1,200평 규모의 항생제 전용공장을 준공했다. 이후 웰컴 그룹을 인수한 글락소스미스클라인은 공장 회사 명칭을 '한국그락소웰컴'으로 변경했다.

1998년 방한한 영국 글락소웰컴의 리차드 사익스 당시 회장은 대한간학회에 연구기금으로 60만 달러의 거액을 기증했다. 외국인 CEO로서는 파격적인 행보였다. 사익스 회장은 "한국 내 법인에 지속해서 투자해, 한국 제1의 제약기업으로 육성하겠다"고 밝히며, 한국 시장 진출에 적극적인 의지를 보였다.

그리고 2000년 글락소스미스클라인이 탄생하며 한국지사도 새롭게 옷을 갈아입었다. 글락소스미스클라인의 초대 사장에는 김진호 한국 글락소웰컴 사장이 선임됐다. 두 회사가 갖추고 있던 우수 제품들이 통합됨에 따라 마케팅에서 시너지 효과를 얻게 되었다. 출범 직후부터 빠른 성장세를 보여, 2001년 1,440억 원의 매출을 달성하며 전문의약품 시장에서 3위를 차지했다. 김진호 사장은 이후 18년 동안 글락소스미스클라인을 이끌며 눈부신 성장을 이끌었다.

본사에서도 한국지사에 대한 기대가 높다. 세계적 IT 강국으로 발돋움한 한국의 우수한 인적 자원과 뜨거운 연구 열기, 열성적인 국민성 등의 잠재력은 바이오 벤처의 역량을 발휘할 수 있는 최적의 환경이기 때문이다. 한국 시장의 매출이 급성장하면서 세계 현지법인 가운데에서 차지하는 비중이 높아졌다. 이를 격려하고 폭넓은 협력을 모색하기 위해 2002년 본사의 경영진이 여러 차례 방문했다. 본사 내에서 한국 법인의 위상은 점차 높아지고 있었고, 글로벌 제약사들의 한국 시장에 대한 관심도 함께 높아졌다. 이를 반영하듯, 한국 법인의 김진호 사장이 아시아 지역 총괄사장으로 승진하기도 했다.

김진호 사장은 글락소스미스클라인과의 만남 이전, 국내기업인 영진약품의 대표직을 10여 년간 역임한 경력이 있다. 국내 제약사와 다국적 제약사의 대표를 모두 경험한 인물로 국내 제약 업계의 문제점과 해결책을 잘 알고 있었다. 한국제약협회 회원사로 국내 제약산업의 발전에 적극적인 협력을 아끼지 않았으며 국내 제약기업과 전략적 마케팅을 전개하는 등 국내 약업계와의 동반자 관계를 더욱 돈독히 하며, 기업이 뿌리내릴 수 있도록 한 것도 성공 요인으로 평가받는다.

외환위기 시절인 1997년 한국 글락소스미스클라인의 전신인 한국그락소웰컴 사장으로 부임해 오랜 적자에 허덕이고 있던 기업을 흑자로 전환시킨 경험도 있다. 매출도 6년 만에 5배 이상 끌어올린 그의 성과는 본사에서도 인정받아, 2000년 미국, 영국 등 소위 주요 7개국 (G7) 국가들을 제치고 아시아 지역 최초로 'GSK 경영혁신상'을 받았다. 또한 2006년엔 'GSK 리더십상'까지 받았다. 김진호 사장의 리더십과 함께 각자의 위치에서 전문성을 발휘한 한국지사의 구성원들의 역량은 한국 시장의 매력을 널리 알리는 계기가 되었다.


## 글로벌 제약사가 주목한 '연구·개발 집중국가'

글락소스미스클라인은 글로벌 임상 연구 투자에 집중하고 있다. 2017~2019년간 종양(혈액암, 고형암 등), 면역 질환, HIV와 감염질환, 호흡기 질환(천식, COPD), 심혈관질환(만성심질환, 빈혈) 등의 다양한 질환에 대해 글로벌 임상시험, 시판 후 조사, 비중재 연구, 연구자 주도임상 등을 포함한 총 167건의 연구 프로젝트를 수행했으며, 500여 개의 국내 연구기관과 약 6,000여 명의 한국인 환자가 참여했다.

글락소스미스클라인은 임상시험을 가장 많이 한 제약사로 꼽힌다. 임상시험을 많이 한다는 것은 새로운 신약을 빨리 소개할 수 있다는 점에서 의미가 있지만, 국내에서 거둬들인 이익을 재투자한다는 점에서도 높은 평가를 받는다. 임상시험이 신규 고용 창출에도 기여하기 때문이다. 임상시험을 하기 위해 의사는 물론 간호사, 임상시험 관리인 등 적지 않은 인력이 필요하다.

글락소스미스클라인은 합병법인이 출범한 2001년 이후 발생한 이익의 상당 부분을 꾸준히 임상시험 등 국내 연구·개발에 재투자해왔다. 임상에 투자하는 자금 중 일부는 영국 본사에서 충당하기도 하지만, 국내에서 발생한 이익을 임상시험에 재투자함에 따라 국내에서 더 많은 임상시험을 할 수 있는 밑거름을 만들었다.

다국적 임상시험에서 한국의 참여가 많아진다는 점은 세계에서 국내 의료 수준의 위상이 높아졌다는 의미이도 하다. 한국 법인이 본사를 끊임없이 설득해 다른 국가 법인과 경쟁을 뚫고 임상을 국내에 유치했다는 노력도 간과할 수 없다.

한국 글락소스미스클라인은 본사에서 글로벌 신약 연구·개발을 가속화하기 위해 2015년 선정한 20개의 '연구·개발 집중국가'(R&D Foot-Print Countries) 중 하나로, 초기부터 후기 개발에 이르는 전 단계에 참여하고 있다. 국내 연평균 연구·개발 투자액은 약 200억 원에 이른다.

면역학과 항암 파이프라인 강화에 나선 글로벌 연구·개발 전략에 발맞추어 국내에서도 종양, 면역 질환 연구에 대한 집중을 높이고 있으며, 2017년부터 연세대학교 의과대학 송당암연구센터와 차세대 항암 신약을 공동개발하기 위해 장기 파트너십을 체결했다. 다양한 암종에 대한 1~2상 초기 단계 임상개발 프로그램과 중개 연구를 위해 협력하고 있다.

2020년 5월에는 바이오의약품 포트폴리오에 대한 향후 수요에 유연하게 대응하고, 환자가 필요로 하는 치료제를 전달하기 위해 삼성바이오로직스와 협약을 체결했다. 이로써 기존에 글락소스미스클라인이 보유한 내부 제조 네트워크에 더해, 추가적인 제조 능력을 보유하게 되었다.

이외에도 오픈 이노베이션에 따라 국내 학계와 연구소, 정부기관 등과 협력하고 있으며, 국내 주요 암센터, 병원과 면역 항암신약을 공동 개발하고 있다. 일례로 2017년 12월에 국가임상시험지원재단(KoNECT)과 국내 임상시험 활성화를 위한 파트너십을 체결하고 임상시험 전문인력 양성, 글로벌 임상시험 수행 지원, 국가 임상개발 프로젝트 자문, 임상연구 관련 최신 정보 및 학술 데이터 공유 등 다방면에서 협력하고 있다.

2018년 한국 법인은 새로운 변화를 맞았다. 줄곧 한국인이 담당했던 글락소스미스클라인 한국 법인 대표에 프랑스인 줄리엔 샘슨 대표가 부임했다. 한국 법인 출범 이후 첫 외국인 대표이자, 40대 초반의 젊은 CEO라는 점에서 주목받았다.

"직원을 평가하는 데 있어서 실적이 목표가 돼서는 안 됩니다. 업무를 잘 수행하면 실적은 따라온다고 봅니다. 현재 우리 회사는 직원들이 어떠한 업무를 어떻게 하고 있는지 평가해, 적절한 업무 계획을 수립하고, 근무 태도를 평가하는 등 지식 수준과 소통 능력도 종합적으로 보고 있습니다."

줄리엔 샘슨 대표의 이러한 경영 방식은 기업 측면에서도 긍정적인 변화를 이끌어냈다. 글락소스미스클라인은 물론 다른 제약사들에도 영향을 미쳐 제약사들이 성과 중심의 직원 평가에서 벗어나는 기업 문화를 만들었다. 한국 법인은 2020년 12월 1일부터 새로 부임한 롭 켐프턴 대표가 이끌고 있다. 헬스케어 전문가이며 감염병, 호흡기, 신경질환 분야에 전문성을 지닌 켐프턴 신임 대표도 글락소스미스클라인이 한국 시장에서 선도적인 제약과 백신 회사로 자리매김하는 데 큰 역할을 할 것으로 기대하고 있다.


## 국제백신학회가 선정한 최우수 제약기업

2007년 TV에 낯선 광고가 등장했다. 건강하고 행복한 삶을 위해 백신이 얼마나 중요한지 알리는 광고였다. 이것은 공익광고가 아니라 한 기업이 자신의 백신 브랜드를 알리는 기업광고였다. 주인공은 한국 글락소스미스클라인이었다. 국내 최초로 백신을 공중파 광고에 선보인 것이다. 이후 배우 차인표를 모델로 하는 독감 백신 광고를 비롯해 세계적인 백신 회사로서의 인지도와 신뢰를 강조하는 광고를 선보였다.

세계 최대의 백신 기업인 글락소스미스클라인은 스물두 가지 질병에 대해 40종 이상의 백신을 제공하고 있다. 이러한 공로를 인정받아

2019년 4월 미국 워싱턴에서 개최한 국제백신학회의 최우수 백신산업 시상에서 '최우수 제약기업상'을 받았다. 2018년 최우수 예방백신상 (대상포진, 국내 미허가), 2017년 최우수 예방백신상(수막구균 B혈청군, 국내 미허가), 2016년 최우수 제약기업상도 받은 바 있다.

세계보건기구(WHO)는 결핵, 말라리아, HIV/에이즈를 3대 우선 질환으로 지정하고 있다. 글락소스미스클라인은 3대 우선 질환에 대한 치료제와 백신을 모두 연구하고 있는 몇 안 되는 제약사로, 이에 대한 획기적인 해결책을 제공하기 위해 내부의 과학적 역량뿐만 아니라 여러 민관 단체와 협업하고 있다. 2020년까지 열일곱 가지 소외열대질환 중 10개를 통제하거나 퇴치한다는 WHO의 목표에 동참해 의약품을 지원하고 있다.

결핵 치료와 예방을 위한 노력의 하나로 빌앤멜린다게이츠재단, 영국 국제개발부 등을 후원해 비영리 과학기구 아에라스(Aeras)와 함께 결핵 후보백신을 개발했다. 2020년 1월에는 결핵 질병 부담이 큰 저소득 국가의 지속적인 개발을 위해 빌앤멜린다게이츠재단에 라이선스 부여를 발표했다.

말라리아의 경우 말라리아 유행 지역에 저렴한 가격으로 의약품을 보급하기 위해 비영리단체인 '메디슨 포 말라리아 벤처'(Medicines for Malaria Venture), '파스'(PATH)와 협력하고 있다. 2018년 7월, 삼일열 말라리아 첫 신약(성분명 타페노퀸)이 미국 FDA로부터 승인을 취득했다. 60년 만의 일이다. 최초의 말라리아 백신(RTS,S)은 사하라 이남 아프리카 지역에서 말라리아로 인한 사망의 주원인인 열대열원충 말라리아로부터 어린이들을 보호하는 것을 목표로, WHO가 주관하는 예방접종 시범사업에 공급하고 있다. 또한, 글락소스미스클라인은 비브 헬스케어를 통해 여러 국제 연구단체와 자사의 HIV 치료제의 소아제형에 대한 임상개발을 진행 중이다.

## 코로나19 극복을 위한 노력

코로나19 발생 시점부터 글락소스미스클라인은 백신 플랫폼 기술을 발전시키고 범용 인플루엔자 백신 개발에 협력하고 있다. 코로나19 상황을 면밀히 모니터링하고 있으며, 바이러스를 극복하기 위한 세계적인 노력에 동참하고 있다. 전 세계의 회사와 연구기관과 협력해 혁신적인 백신 항원보강제 기술을 활용해 코로나19 백신 후보물질을 연구하고 있다.

2020년 4월 14일, 글락소스미스클라인은 코로나19에 대응하기 위한 사노피와 협약 체결을 발표했으며, 이로써 세계 최대 백신 기업 간의 유례없는 협력이 시작되었다. 글락소스미스클라인과 사노피는 양사의 혁신 기술을 결합한 항원보강제 결합 코로나19 백신 임상시험을 2020년 하반기에 돌입한 후, 성공적으로 완료하고 관련 규제 심사를 모두 통과한다는 전제하에 2021년 하반기까지 백신 공급을 위해 필요한 개발을 완료하는 것을 목표로 삼고 있다. 이는 일반적인 백신 개발 기간보다 상당히 단축된 일정이며, 코로나19라는 긴급한 사태의 해결을 위해 양사의 팀들은 발빠르게 움직이고 있다.

이번 협력의 핵심 중 하나는 통합 규모다. 아직 개발 초기 상황이지만, 개발에 성공한다면 양사가 보유한 상당한 제조 역량을 활용해 2021년 말까지 연간 수백만 개의 백신을 제조할 수 있을 것으로 예측한다. 양사 모두 백신을 전 세계 사람들이 사용할 수 있도록 오랜 기간 힘써왔으며, 이번에 개발하는 백신도 전 세계 사람들이 합리적 가격에 이용할 수 있도록 동등한 접근성을 보장하기 위해 최선의 노력을 다할 것이다.

글락소스미스클라인은 백신뿐만 아니라 코로나19 검사와 신약 후보물질에 관한 연구도 지원한다. 비어 바이오테크놀로지와 협력을 발표하고 비어의 독자적인 단일 클론 항체 플랫폼 기술을 사용해 코로나19 치료와 예방을 목적으로 사용할 수 있는 새로운 항바이러스 항체를 발굴하고, 기존 항바이러스 항체를 개발을 가속화할 것을 약속했다. 규제 검토를 마치면 양사는 향후 3~5개월 내에 임상 2상에 돌입할 예정이다.

'코로나19 테라퓨틱스 액셀러레이터'(COVID-19 Therapeutics Accelerator) 연구에도 참여하고 있다. 제약회사와 학술 기관의 전문가들이 협업하는 연구 프로그램을 발족하고, 코로나19를 치료할 수 있는 유망한 분자들을 찾아내는 것이 이 연구의 목표다. 글락소스미스클라인은 코로나19에 대항하는 활동을 확인할 수 있는 화합물을 이용할 수 있도록 만들 예정이다.

또한 현재 시판 중인 약제와 개발 중인 의약품들이 본래 효능 외에도 현 팬데믹 상황에서 사용할 수 있는지를 함께 검토하고 있다. 검토

중인 포트폴리오에는 잠재적인 직접 항바이러스 능력(Direct anti-viral activity)을 가진 의약품과 코로나19로 인한 2차 합병증을 예방하거나 치료할 가능성을 지닌 제품들이 포함돼 있다.

글락소스미스클라인은 유엔 기구와 WHO가 설립한 펀드 'The COVID-19 Solidarity Response Fund'에 1,000만 달러를 기부했다. 이 재단은 팬데믹을 극복하기 위해 가장 많은 지원이 필요한 곳을 보호·진단·관리하는 WHO와 파트너사들을 지원하기 위해 설립되었다. 펀드를 통해 모아진 기금은 최전방에서 일하고 있는 의료계 종사자들의 개인보호장비(PPE)와 같은 필수 물품들을 지원할 것이다. 이뿐만 아니라 추가로 여러 국가의 진단 검사를 돕는 여분의 시약을 기부하고 있으며, 여분의 개인보호장비를 지원하기 위해 준비 중이다.

## 세상을 변화시키는 기업

글락소스미스클라인은 책임 있는 기업으로서 과학 기술을 활용해 보건 문제를 해결하고, 제품의 접근성을 높이며, 일하기 좋은 회사를 만들기 위해 최선을 다한다. 의약품 접근성 향상과 영업·마케팅 모델의 혁신, 임상 자료의 투명성 강화와 더불어, 에볼라 백신 개발을 위한 협력, 소외질환에 대한 백신 개발을 위한 국제적 협력, 저개발국에 대한 선진 지원사업 등을 꾸준히 실행하고 있다.

매년 5억 명 이상의 개발도상국 5세 이하 어린이들이 예방할 수 있는 질병으로 사망하고 있다. 글락소스미스클라인은 과학 기술을 이용해 HIV, 말라리아, 결핵 문제를 해결하고자 노력한다. 국제구호단체 세이브더칠드런과 글로벌 파트너십을 맺고 300만 명 이상의 어린이를 도왔으며, 임직원과 함께 62억 원가량의 기금을 모금했다.

또한, 세계 빈곤아동 100만 명의 생명 구호를 목표로 2013년부터 10년간 세이브더칠드런과 협력해 소아용 의약품 개발하고, 예방접종 확대했으며, 백신·필수 의약품을 전달하고, 영양식품을 개발하는 등 사회적 책임을 다하기 위해 실천하고 있다. 임직원들이 사내의 오렌지 유나이티드 캠페인을 통해 자원봉사와 모금 등 다양한 활동에 직접 참여하고 있으며, 지역사회와 함께 하는 사회공헌 문화를 만들어가고 있다. 캠페인이 시작된 이래로 46개국 290만 명 아이들이 오렌지 유나이티드 캠페인을 통해 지원받았다(2020년 기준).

국내에서는 세이브더칠드런과 서울시가 아동의 안전한 놀 권리 보장을 위해 도심지의 노후 한 놀이터 시설을 개보수 해주는 '놀이터를 지켜라' 도시 놀이터 개선사업을 2017년부터 약 2년여간 후원했다. 임직원과 회사의 매칭펀드 등으로 모금한 약 3억 원의 사업비를 후원해 진행한 본 프로젝트는 2018년 5월 서울시 도봉구 방학동의 '개나리 어린이 놀이터'로 변신해 지역 아동과 주민의 새로운 문화 공간을 만들어주었다. 개장 100일 기념일을 맞아 회사 임직원들이 봉사활동을 하기도 했다.

2020년에는 학교의 유휴시설을 아이들이 안전하게 놀 수 있는 공간으로 바꿔주는 '학교놀이 개선 사업'을 후원했다. 임직원의 월급 우수리와 월정액 기부, 다양한 자원봉사와 회사의 매칭펀드로 모금한 약

1. 한국 글락소스미스클라인은 도심지의 노후한 놀이터 시설을 개보수해주는 도시 놀이터 개선사업을 후원하고 있다.
2. 임직원들이 자발적으로 자원봉사 활동을 할 수 있도록 연중 하루 유급 휴가를 지원하는 '오렌지 데이'를 마련했다.

1억 원 상당의 사업비를 후원할 예정이다.

이 밖에 부산 청동초등학교와 전남 목포 북교초등학교의 실외 놀이 공간을 조성하기 위한 프로젝트를 후원했다. 두 학교는 2020년 8월부터 두 달간 공사 기간을 거쳐 11월부터 새로운 놀이 공간을 개장했다.

글락소스미스클라인은 이에 앞서 전 세계 법인이 동시에 참여하는 자발적 모금과 자원봉사 장려 주간 오렌지 유나이티드 위크를 맞이해 사내 모금을 하기 위한 홈쇼핑 이벤트도 진행했다. 홈쇼핑에서는 놀이 공간에 장식할 방부목 그림 키트가 판매되었으며, 여기서 모아진 수익금 전액과 이를 구매한 임직원들이 직접 그림을 그린 나무 타일이 두 학교에 기증됐다.

한국 글락소스미스클라인은 임직원들이 지역사회 문제에 관심을 기울이고 공헌할 수 있는 문화를 조성하고자 노력한다. 국내 저소득층 아동과 가정을 후원하기 위해 임직원이 매월 급여의 1만 원 이하 우수리와 약정금을 기부하고 회사가 매칭하는 방식으로 조성하는 해피스마일 펀드(2009~2015년 기아대책기구와의 파트너십)에 이어 오렌지유나이티드 펀드(2013년부터 세이브더칠드런 파트너십)를 운영한다. 2019년 글락소스미스클라인 한국 법인에서 회사 기부, 임직원 기부, 환자지원 프로그램 등으로 국내에 후원한 금액만 3억 2,000만 원에 달한다.

한국 법인은 2020년 5월 본사의 사회적 가치를 전달하는 사회공헌활동에 임직원이 자발적으로 참여하는 '트러스트 보드'(Trust Board)를 구성하고, 임직원이 직접 참여하는 사회공헌 문화의 의미를 더했다. 임직원들은 트러스트 보드를 통해 주기적으로 만남을 갖고, 사회 공헌활동과 관련해 피드백과 아이디어를 제시하는 등 보람을 느끼며 봉사활동에 참여한다.

이외에도 자선 트래킹 프로그램 '트렉 포 키즈'(Trek for Kids), 자발적 모금과 자원봉사 장려 주간 오렌지 유나이티드 위크(6월), 근무일 중 하루를 자원봉사에 활용하는 '오렌지 데이' 등으로 재정적 후원을 넘어 인적 봉사활동을 할 수 있도록 지원한다. 이 프로그램을 활용해 직원들은 사내외 여러 자원 봉사활동에 참여하고 있다.

2016년 글락소스미스클라인은 미국 경제전문지 〈포춘〉에서 발표한 '2016년 세상을 변화시키는 기업' 순위에서 1위를 차지했다. 연구·개발, 의약품접근성, 사회공헌활동 등 전반에 걸쳐 혁신적인 비즈니스 모델을 구축해 저개발국과 소외계층의 보건 격차 문제를 해결하는 데 기여하고, 핵심 사업 분야에서 경쟁력을 강화해온 점이 높은 평가를 받았다. 과학 기술로 세상을 변화시키고자 하는 글락소스미스클라인의 노력은 인류의 건강한 삶을 위해 우리 일상의 곳곳에 스며들고 있다.

# 4

뉴노멀 시대를 이끌
디지털 경쟁력

디지털 전환 산업

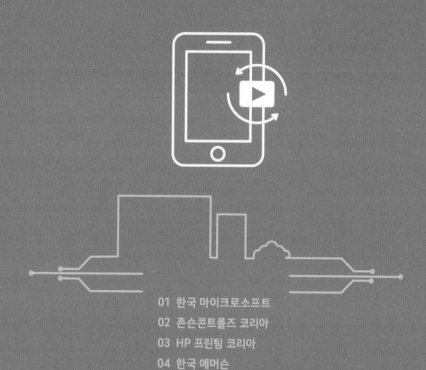

# Our mission is to empower every person and every organization on the planet to achieve more

마이크로소프트는 지구상의 모든 사람과 조직이 더 많은 것을 성취할 수 있도록 역량을 지원하는 것을 사명으로 삼고 있습니다.

## 한국 마이크로소프트

IBM 개인용 컴퓨터 운영 시스템인 MS DOS 개발로 컴퓨터 소프트웨어의 표준을 세운 디지털 기업이다. PC 시대부터 인터넷 시대, 모바일 시대를 거치며 디지털 플랫폼 전쟁이 치열했지만 마이크로소프트(MS)는 그 전쟁에서 살아남아 디지털 공간에서 여전히 높은 위치를 차지하고 있다. 한국 마이크로소프트는 미국 마이크로소프트 본사가 지분 100%를 보유하고 있다. 1988년 설립돼 현재 400여 명이 근무 중이다. 주로 IT 제품 영업과 지원 업무를 한다.

# 01

# 디지털 역량이
# 경쟁력이다

**언제 어디서나 접속할 수 있는 환경을 위해**

코로나19로 재택근무를 해야 하는 기업이 늘었다. 이런 상황에서 디지털 전환은 기업의 생존이 걸린 문제다. 어떤 기업이든 IT 기술로 고객에게 개인화 서비스를 제공하고 직원들에게 비대면 업무 환경을 제공하는 것이 급선무가 되었다. IT업계 선두 그룹인 마이크로소프트는 팬데믹에 앞서 기업 문화를 바꾸고 디지털 전환 기술을 갖춰 놓았다.

한국 마이크로소프트는 경복궁 동십자각 옆에 있는 더케이트윈타워에 입주해 있다. 길을 지나가다 보면 빌딩에 새겨진 Microsoft라는 대형 글자를 볼 수 있다. 소프트웨어 판매에서 클라우드와 인공지능 기반의 IT 서비스 기업으로 사업 전환에 성공한 마이크로소프트의 한국 사무실은 경복궁이 내려다보이는 곳에 위치해 있다. 판교나 강남이 아닌 옛 왕궁이 자리한 서울 강북의 가장 중심에 21세기 첨단 소프트웨어 회사가 있다는 사실이 이채로웠다.

한국 마이크로소프트 사무실에는 지정된 자기 좌석이 없다. 대신 잠시 간단한 일을 처리하는 공간, 오랜 시간 집중해서 일하는 공간, 여럿이 협업하는 공간 등 1인실에서 대형 테이블까지 다양한 공간을 마련해놓았다. 개인의 업무 스타일에 맞게 원하는 공간과 시간을 선택할 수 있는 것이다. 한국 마이크로소프트의 이지은 대표조차 사무실에 지정 좌석이 없다. 그럼 대표는 어디에서 일할까.

"외부 인사를 만나는 자리나 미팅이 없다면 집이나 카페에서 일하는 게 가장 편합니다. 집과 회사를 오가는 하이브리드 워크플레이스 규정을 따르고 있어요."

프리랜서들이 즐겨 일하는 공간에서 글로벌 기업 대표가 일하는 모습을 잠시 그려보았다. 근무 공간에 대한 마이크로소프트의 생각을 단적으로 보여주는 방증이 아닐까 싶다.

이 대표는 2020년 4월 한국 마이크로소프트 대표로 선임됐다. 2017년 한국 마이크로소프트 엔터프라이즈 글로벌 사업부문장으로 합류한 지 3년 만에 대표직에 올랐다. 합류하기 전에는 글로벌 컨설팅 기업인 액센츄어에서 컨설턴트로서 25년간 근무했다. 그는 신규 사업을 맡아 조직을 키우고 성과를 만들어내는 일에 역량이 높은 것으로 평가받고 있다.

이 대표에 따르면 국내 다수의 기업이 한국 마이크로소프트에 디지털 전환 방식을 의뢰하거나 논의하고 있다고 한다. 한국 마이크로소프트는 수년간 한국 사회의 일하는 방식 등 디지털 문화 혁신을 일궈왔고, 성공적으로 비즈니스 영역을 확장해왔다.

"지금까지 왜 디지털 전환을 추진해야 하는지 설명하는 데 1년이 걸렸다면 이제는 한 달이면 설득할 수 있습니다. 어떻게 디지털 전환을 추진하는지 논의하는 단계로 넘어갔으니까요. 디지털 전환을 위해서는 선례를 벤치마킹해야 하는데 기존에는 해외 사례를 많이 참고했다면 이제는 국내기업의 성공 사례가 하나둘 나오고 있습니다."

SK그룹은 한국 마이크로소프트와 함께 파트너십을 기반으로 디지털 전환을 추진하는 대표 국내기업이다. 디지털 전환 후 SK텔레콤의 일하는 방식에 큰 변화가 일어나기 시작했다. SK텔레콤은 협업 도구인 MS 팀즈를 전사적으로 적용했고, SK그룹은 2020년 1월 출범한 사내 교육 플랫폼 '마이써니'에 마이크로소프트의 맞춤형 AI 교육 프로그램 'MS 런'을 도입했다.

SK텔레콤 5GX서비스사업본부는 하드웨어·소프트웨어 개발자, 피디, 그래픽 엔지니어, 클라우드 서버 관리자, 기술 기반 아티스트, 모델러, 기획자 등 다양한 인재로 구성되어 있는데, 마이크로소프트의 MS 팀즈를 사용함으로써 사내에 '빠르게 실패하고 빠르게 개선안을 내놓는 스타트업 문화'가 자리 잡았다고 한다.

서울 종로구 광화문 동십자각 근처에 자리한 한국 마이크로소프트 본사.

미국 본사의 드라이브를 기반으로 한국 마이크로소프트는 국내기업의

디지털 전환을 전폭 지원하는 역할에 힘을 쏟고 있다.

## 컴퓨터 소프트웨어의 최강자

마이크로소프트는 IBM 개인용 컴퓨터 운영 시스템인 MS DOS 개발로 컴퓨터 소프트웨어의 표준을 세운 기업이다. PC 시대부터 인터넷 시대, 모바일 시대를 거치며 치열한 디지털 플랫폼 전쟁에서 살아남아 여전히 높은 지위를 지키고 있다.

PC가 생기고 인터넷으로 연결된 지 30여 년, 이제 컴퓨터 없이는 일상생활은 물론 경제활동까지 아무것도 하지 못하는 시대가 되었다. 디지털 세계는 일상에 깊숙이 들어와 우리 삶의 일부가 되었지만 정작 어떤 기술이 작동되고 그 기술은 누가 만들었으며 누가 살아남았고 누가 사라졌는지 일일이 기억하지 못한다.

그러나 컴퓨터 하드웨어, 칩, 운영 시스템, 브라우저, 인터넷 상거래, 검색 엔진, 클라우드 플랫폼 전쟁에서 치열하게 싸워온 글로벌 기업의 이름은 어렴풋이 기억하고 있다. IBM, 인텔, 마이크로소프트, 애플, 아마존, 구글이 그 전쟁에서 승리한 대표 기업이다. 그중 마이크로소프트는 컴퓨터를 켜면 창이 열리고 텍스트와 이미지가 움직이도록 만드는 컴퓨터 소프트웨어인 MS DOS를 개발해 컴퓨터 소프트웨어의 최강자로 자리매김했다.

윈도우 운영체제와 오피스 제품으로 독점적 지위를 유지하던 마이크로소프트는 스티브 발머가 대표로 있던 2000년대부터 10여 년간 휴대전화, 전자책, 음악 검색, SNS 등 신사업에서 실패를 맛보았다. 소위 '마이크로소프트의 잃어버린 10년'이라 불리는 암흑기다. 이처럼 개인 컴퓨터, 인터넷, 모바일로 디지털 환경이 바뀌면서 잘나가던 시절과 힘든 시절을 모두 겪었지만 글로벌 전자통신기술(ITC) 기업으로서 마이크로소프트의 위상은 크게 변하지 않았다.

마이크로소프트의 윈도우는 전 세계 수억 명이 사용하는 주력 제품이지만, 사티아 나델라 마이크로소프트 CEO가 사령탑을 맡은 현재, 회사의 주요 성장 엔진은 아니다. 2019년 7월부터 2020년 6월까지 윈도우의 글로벌 매출은 220억 달러였고, 상업용 오피스 365와 애저 클라우드 서비스를 포함하는 전체 상업용 클라우드 솔루션 매출이 전년 대비 36% 성장한 520억 달러를 기록했다. 미국 본사의 드라이브를 기반으로 한국 마이크로소프트는 국내기업의 디지털 전환을 전폭 지원하는 역할에 힘을 쏟고 있다.

## 있는 그대로 당신이 좋아하는 것을 하세요

한국 마이크로소프트는 미국 본사가 지분 100%를 보유하고 있다. 1988년 설립돼 현재 400여 명이 근무 중이다. 주로 IT 제품 영업과 지원 업무를 한다. 이 대표는 취임 이후 반년간 조직을 재구성하고 문화를 바꾸는 데 주력해왔다. 변화하는 비즈니스 영역, 시장의 흐름에 따라 새로운 목표를 설정하고 조직원들에게 필요한 기술을 습득하도록 이끌었다.

"한국 마이크로소프트에는 지난 6~7년간 큰 변화가 있었어요. 클라우드 중심의 기업이 되면서 구매 방식, 조직, 인력 구성, 연구·개발 등이 바뀌었고, 기존의 좋은 문화를 재학습할 시간도 짧았어요. 취임

1. 한국 마이크로소프트 본사 직원들의 휴식 공간.
2. 본사 미팅룸과 회의실.

당시 '조직과 문화의 변화'를 목표로 내세웠어요. 지난 7월부터 직원협의체와 논의 끝에 직함을 모두 없애고 '님'으로 호칭을 통일했죠. 각각의 부서와 직책을 넘어 하나의 목표에 집중할 수 있는 커뮤니케이션 환경을 조성했습니다."

이 대표는 업무 강도가 세더라도 누구나 역량을 발휘할 수 있는 조직 문화를 만드는 것이 중요하다고 강조했다. "임직원의 역할을 바꾸거나 부서 간 경계를 없애서 신선한 자극을 주어 잠자고 있던 재능을 다시 깨우려 합니다."

마이크로소프트는 2013년 기존 실적 중심으로 상대평가 했던 스택 랭킹(Stack Ranking) 대신, 직원들의 영향력을 종합적으로 다루는 영향력 평가(Impact Assessment)로 직원 평가 방식을 전환했다. 직원들의 업무 성과는 팀과 비즈니스, 그리고 고객에게 미치는 영향력으로 정의하고 특히, 영향력은 함께 일하는 사람들의 공헌이 있어야만 가능하다. 경쟁 환경 속에서 자기중심적이었던 문화를 공감을 중심으로 하는 문화로 점차 바꾸어나갔다.

영향력 평가는 커넥트(Connect)를 통해 직원과 팀장, 관리자가 소통하면서 진행된다. 커넥트는 연 2회 이상, 직원이 지난 업무와 앞으로의 업무에 대해 토론하는 시간이다. 단순히 성과를 측정하기 위한 도구를 넘어, 직원의 업무 향상과 경력 개발 등을 위한 밑거름으로 활용하기 위한 소통 방식이다.

2004년 마이크로소프트는 워크플레이스 어드밴티지 프로그램(Workplace Advantage Program)을 전 세계 마이크로소프트 회사에 적용했다. 이 프로그램의 특징은 세 가지다. 첫째, 일하는 방식을 유연하고 생산적인 방향으로 혁신하고 둘째, 일하는 공간을 용도별로 활용할 수 있도록 환경을 조성하며 셋째, 직원들이 시간과 장소의 제약 없이 원하는 디바이스로 일할 수 있는 IT 인프라를 마련하는 것이다.

한국 마이크로소프트는 2013년 본사를 이전하면서 '프리스타일 워크플레이스'를 도입했다. 워크플레이스 어드밴티지 리서치(Workplace Advantage Research) 연구 결과를 적용해, 개인의 업무 스타일에 맞춰 일하도록 하고 자율 출퇴근, 재택근무, 자유 좌석 등을 도입했다. 또, 데스크톱에 한정된 업무 환경을 모바일로 옮겨 어떤 디바이스나 소프트웨어를 사용하든지 관계없이 일할 수 있도록 했다.

지금과 같이 정보와 지식이 빠르게 변화하는 시대에는 언제 어디서든 필요한 지식과 기술을 배우는 능력이 필수적이다. 마이크로소프트가 생각하는 인재는 쉼 없이 배우고 성장하는 것은 물론, 한 발짝 나아가 구성원의 다양성을 인정하고 포용하는 사람이다. 리더가 공감 능력을 갖추고 구성원이 다 같이 성장하도록 이끌어, 성과를 내기 위해 앞만 보며 달리는 것이 아니라 새로운 방향으로 성과를 창출할 수 있다고 믿는다.

마이크로소프트는 공감 능력을 가진 사람이라면 "있는 그대로, 당신이 좋아하는 것을 하세요"(Come as you are. Do what you love)라는 자세로 맞이한다. 회사가 정의한 '인재상'을 갖춘 직원을 찾기보다는, 다양한 사람이 재능을 마음껏 발현하기를 권장하는 것이다. 마이크로소프트는 다양성과 포용성(Diversity & Inclusion)을 매우 중요하게 여긴다.

## K-에듀를 지원하다

2020년 한국 마이크로소프트는 클라우드 '애저'(Azure)를 활용해 보름 만에 EBS 온라인클래스 서버 1,500배를 긴급 증설함으로써 전국 중·고교생 최대 300만 명까지 동시 접속 가능한 공교육 인프라를 마련했다.

'애저'는 원격교육 인프라를 마련하는 데 중요한 역할을 했다. 제한된 시간 내 플랫폼을 확충함으로써 300만 명의 학생이 순차적으로 온라인 개학을 할 수 있도록 지원했고, 수요 예측이 어려운 긴급한 환경에서 상황에 따라 즉각 대규모 서버를 구축했으며, 특정 시간대 트래픽 증가에 대비해 실시간 컴퓨팅 시스템 리소스를 추가함으로써 유연하게 대응했다. 실시간 문제에 대응해 안정적으로 서비스를 지원할 뿐더러, 24시간 대응팀을 통해 디도스(DDoS)를 포함한 여러 보안상의 문제가 없도록 준비했다.

외신에서는 K-에듀를 극찬했다. 전 세계에서 온라인 개학 방법을 공유해달라는 요청이 쇄도했다. 정부 주도하에 전국 단위로 동질한 온라인 수업을 진행한 사례는 한국이 유일하다. 이 중심에 한국 마이크로소프트가 있다.

사티아 나델라 마이크로소프트 CEO는 문재인 대통령에게 친서를 보내 찬사를 아끼지 않았다. 서한에서 나델라 대표는 한국의 '디지털 뉴딜' 추진 계획을 환영하며, 국내 중소기업과 스타트업이 새로운 기술을 적용·발전시키는 계기가 될 것이라고 전망했다. 이 밖에도 디지털 뉴딜을 위한 민간과 공공영역의 국제 협력도 제안했으며, 의료 치료·전기 통신·원격 교육 등 다양한 경제 분야에서 재화와 서비스 교환이 이뤄지길 바란다며 기대감을 표현했다.

## 디지털 격차 해소를 위한 사회공헌활동

"마이크로소프트는 기술의 보편화·대중화·삶의 변화라는 미션을 갖고 있어요. 마이크로소프트가 가진 개별 기술과 솔루션, 플랫폼도 모두 이러한 철학에 따라 만들어졌어요. PC가 현재 대중화됐듯이 IT기업의 역할은 디지털 시대에 디지털 역량을 보편화하는 것입니다."

마이크로소프트는 2020년 6월, AI를 포함한 데이터와 디지털 기술을 바탕으로 새로운 직무 수행에 필요한 IT 교육을 지원하는 '글로벌 스킬 이니셔티브'를 발표했다. 이와 함께 2021년 안에 국내 1만 명에게 디지털 역량 교육을 하겠다는 목표를 밝혔다. 이 프로그램은 정부의 디지털 전환 지원, 학생 역량 강화 및 교육 협력, 디지털 취약계층 지원, 기업 대상 기술 교육 지원 등을 포함한다.

이 중에서도 디지털 취약계층 지원 프로그램은 한국 마이크로소프트가 활발하게 운영하는 사회공헌활동이다. 2020년에도 여러 공공기관과 비영리기관이 협업했다. 특히 장애 청소년, 특성화고, 교육 기회가 적은 취업준비생 등을 대상으로 AI와 데이터 분석 교육을 제공해 취업으로 이어지도록 돕는다. 장애인 디지털 일자리 지원 사업인 '이네이블러 프로그램'을 통해 JA코리아, 한국장애인단체총연맹(KODAF) 등 비영리기관과 파트너사와 함께 장애인 채용 활동을 지원하고 있다.

"제가 이 회사에 합류한 이유 중 하나가 이러한 박애 때문입니다. 단순히 기부 차원의 사회공헌이 아니라 디지털 IT기업으로서 사회에 기여할 수 있는 게 많습니다. 마이크로소프트는 글로벌 차원에서 전세계 2,500만 명에게 디지털 역량 교육을 진행하고 있어요. 계열사인 커리어 소셜네트워크 '링크드인'으로 시장에서 수요가 많은 기술을 파악하고, 트레이닝 프로그램을 글로벌 코딩 저장소인 '깃허브'(GitHub)와 연계해 시너지를 낼 수 있어요."

이 대표는 사회 전반적으로 재학습(Relearning)의 중요성을 강조했다. 무엇이든 빠르게 변하는 시대에, 세상을 살아가는 방법을 다시 익혀야 한다는 것이다. 이 대표는 말했다. "앞으로 세상은 내가 알던 세상과는 다릅니다. 실제로 학교에서는 등하교가 없는 방식으로 콘텐츠 교육이 이뤄지고 있습니다. 그래서 누구나 새로운 것을 배워야 한다는 메시지를 내부뿐 아니라 고객에게도 전하려 합니다."


## 학교·기업·정부 디지털 역량 높여야

클라우드 서비스는 더 넓은 네트워크에 대한 접근권, 주문형 서비스, 비용 지불에 대한 혜택, 리소스 풀링(Pooling), 민첩성, 빠른 탄력성, 비용 절감과 같은 여러 이점 덕분에 잠재력이 큰 시장이다. 최근 코로나19로 기존의 사회 활동이 급격히 온라인 활동으로 대체되면서 의료, 금융, 교육, 기업, 소매 등 거의 모든 부문에서 클라우드 서비스에 대한 수요가 급증했다.

1. 한국 마이크로소프트는 장애인에게 디지털 정보 격차 해소와 진로 탐색 기회를 제공하기 위해 다양한 교육 프로그램을 진행한다.
2. 소외 지역 아동과 청소년의 디지털 정보 격차를 해소하기 위해 AI와 데이터 교육 프로그램을 진행한다.

아마존, 마이크로소프트, 구글의 2020년도 재무 결과 발표를 보더라도 이러한 현상을 뚜렷하게 확인할 수 있다. 코로나19로 전 세계 경제가 타격을 입었지만, 구글 클라우드의 2020년 3분기 매출은 34억 달러를 기록했고 해당 사업의 성장률은 무려 45%에 이르렀다. 마이크로소프트도 인텔리전트 클라우드 2020년(회계연도 기준) 매출이 483억 달러를 기록했다. 이는 2019년 대비 24% 증가한 수치다. 아마존의 AWS 2020년 3분기 순매출액은 116억 달러로 작년 같은 분기보다 29% 증가했다.

역설적이게도 코로나19 팬데믹 시기에 클라우드 서비스는 더욱 빠르게 확산되었다. 전문가들은 코로나19 사태를 계기로 클라우드 기술을 활용한 원격 근무, 원격 의료, 온라인 수업, 소비, 여가 활동이 일상화되리라 전망하면서 국내기업도 새로운 성장의 패러다임을 맞이할 것으로 내다보고 있다.

한국 마이크로소프트는 디지털 역량을 높이기 위해 정부의 디지털 전환을 지원하고, 서비스 혁신과 리더십 강화를 지원한다는 방침이다. 빠르게 변화하는 환경에 발맞춰 공공 서비스 혁신에 필요한 도구와 기술을 지원하고, 솔루션도 공동 개발하기로 했다. 구직자를 위한 자격증 등 취업 능력 향상을 위한 툴도 제공할 방침이다. 공공 부문 리더를 위한 프로그램으로는 비즈니스 관점에서 AI 접목 인사이트를 제공하는 'AI 비즈니스 스쿨' 등을 운영할 계획이다.

한국 마이크로소프트는 기업 디지털 전환을 위해 기술 교육 지원에 나선다. 이론에서 실습에 이르는 모든 교육과정을 디지털로 전환해 접근성을 높이고, 이를 10개 이상의 언어와 시간대로 제공할 계획이다.

그 다음으로 학생 역량 강화를 위해서 교육기관과 단계별 로드맵을 구축하고 지원할 예정이다. 초등학생 대상 마인크래프트 교육용 에디션을 활용해 교육하고, 중·고교생 대상 마이크로소프트 이매진 아카데미를 무료로 제공해 소프트웨어 교육을 하며, 대학생 대상 마이크로소프트 런(Microsoft Learn)을 연계해 산학 협력을 한다. 학생뿐 아니라 교육자를 위한 프로그램도 지원한다. 버클리, 카네기 멜론, 옥스포드 등 전 세계 유수 대학과 협력해 학습 과정에 디지털 기술을 제공할 계획이다.

대학교육 협력도 강화한다. 먼저, 국내 17여 개 대학과 4차 산업혁명에 필요한 빅데이터, 클라우드 등 학습 플랫폼을 제공하기 위해 협력한다. 한국과학창의재단과 AI, 데이터사이언스 활용 연수 프로그램을 개발하고, 한이음 ICT멘토링 프로그램에 멘토단을 운영하는 등 공공기관을 지원한다.

디지털 취약계층 대상 취업 프로그램도 추진한다. 장애인과 청소년 대상으로 AI 교육 기회를 제공하고, 특성화고등학교에 데이터 분석 기초 교육을 확대해 실질적인 자격증 취득이나 취업으로 연계할 방침이다. 현재 고용시장에서 가장 주목받는 직무에 대한 교육도 집중해 여성 정보보안 전문가와 디지털 마케터 데이터 분석 전문가를 육성할 계획이다.

이 대표가 설정한 목표는 두 가지다. 첫째, 마이크로소프트가 디지털 전환에 가장 적합한 리더라는 점을 한국 시장에 각인하고자 한다.

마이크로소프트는 디지털 분야의 핵심 솔루션을 모두 갖추고 있다. 기업의 요구에 따라 함께 고민하고, 도입 시 취사 선택해 협력할 수 있다. 이 대표는 강조했다. "마이크로소프트와 함께라면 디지털 전환 목적지까지 가는 동안 기차를 여러 번 갈아탈 필요가 없습니다." 둘째, 박애활동을 국내에 확장할 계획이다. 이로써 일반인뿐 아니라 장애인, 여성 개발자 등으로 디지털 역량 교육을 확대해 디지털 인류로 거듭날 수 있도록 돕고자 한다.

한국 마이크로소프트는 2019년 '한국형 클라우드와 AI 활성화를 위한 포괄적 지원 플랜'(Cloud & AI Country Plan)을 발표하고 국내기업과 정부 기관, 다양한 사회 구성원과 긴밀하게 협력해 클라우드와 AI 대중화에 기여했다. 2021년에도 자사의 기술과 철학을 바탕으로 디지털 전환을 구현하고, 책임 혁신을 위한 공동체를 구성하며, 기술 격차 해소와 일자리 창출에 기여해, 사회적 영향력을 창출하는 등 총 네 가지 분야에 집중함으로써 국내 클라우드와 AI 성장에 견인차 역할을 할 계획이다.

# The power behind your mission

더 스마트하고 안전하며 지속 가능한 빌딩을 만듭니다.

## 존슨콘트롤즈 코리아

존슨콘트롤즈는 1885년 전기식 온도조절장치를 발명해 빌딩 에너지 효율에 근본적인 변화를 불러일으켰다. 효율적인 에너지 솔루션, 통합 인프라 시스템을 개발해 이 모든 기술이 하나의 빌딩 안에서 유기적으로 작동하도록 만들었다. 135년 이상 축적해온 혁신 경험을 바탕으로 업계 글로벌 리더가 된 존슨콘트롤즈에는 전 세계 150개 이상 국가에 10만 5,000여 명의 전문가가 일하고 있다.

# 02

# 모든 빌딩은 목적과
# 의미를 가지고 있다

**스마트빌딩의 선두 주자**

빌딩이 스스로 인공지능으로 주변 환경에 맞추어 온도와 공기를 조절해 쾌적한 환경을 만들 수 있다. 스마트빌딩은 빌딩을 둘러싼 환경을 감지해 빌딩의 온도, 공기의 흐름과 같은 실내 환경을 자동 조절할 수 있다. 방문객이 사전에 예약된 업무를 보기 위해 회사에 체크인 하는 순간 인공지능이 담당자에게 내방객이 도착했다는 것을 알리고 보안 등급에 맞추어 접근 경로를 알려준다. 화재가 발생하면 해당 장소를 특정하여 스프링쿨러를 작동시키는 한편 주변에 있는 사람에게 대피 동선을 알려준다. 이런 기능을 작동하려면 복잡한 제어 장치를 설비해야 하고 의사결정 과정이 필요하다. 코로나19를 맞아 빌딩 보안과 방역이 그 어느 때보다 중요해지면서 스마트빌딩에 대한 요구가 높아졌다.

더 안전하고 효율적이고 쾌적한 스마트빌딩을 만들려면 어떻게 해야 할까? 가장 중요한 것은 연결성이다. 평소에 사람이 오감으로 느끼는 정보로 예측·판단하여 적시에 필요한 의사결정을 하고 행동하는 것처럼 빌딩도 정보를 실시간으로 처리해 필요한 설비를 제어해야 한다. 냉·난방기부터 환풍 장치에 이르는 설비를 중앙관제 시스템으로 조절해야 하고, 설비에서 발생하는 실시간 정보를 감지해 분석하고 적절히 대응해야 한다. 기본 장비부터 센서, 집적 장치, 빌딩 관리 솔루션을 갖추고 전체적으로 연결하고 통합하려면 계측장비와 사물인터넷, 인공지능, 디지털 트윈, 클라우드 기반 서비스를 운용하는 체제로 전환해야 한다.

존슨콘트롤즈는 스마트빌딩에서 스마트시티까지 우리의 주거 환경을 더 안전하고 효율적이고 지능적인 공간으로 만드는 전문 기업이다. 존슨콘트롤즈는 스마트빌딩과 효율적인 에너지 솔루션과 통합 인프라 시스템을 개발하고, 이 모든 기술이 유기적으로 작동하도록 하는 스마트빌딩 분야의 글로벌 리더다. 전 세계에 있는 상징적인 빌딩의 90% 이상이 존슨콘트롤즈의 스마트빌딩 제품과 솔루션을 사용하고 있다.

존슨콘트롤즈 솔루션은 우리가 생활하고, 일하고, 배우고, 여가 시간을 즐기는 환경을 완벽하게 바꾼다. 빌딩의 성능을 최적화하고, 공간의 안전과 쾌적함을 향상시킨다. 헬스케어, 교육, 데이터센터와 제조 분야에서 활약하고 있는 존슨콘트롤즈는 135년 이상 경영 혁신을 바

아일랜드에 있는 존슨콘트롤즈 글로벌 본사.

존슨콘트롤즈의 솔루션은 우리가 생활하고, 일하고, 배우고,

여가 시간을 즐기는 환경을 완벽하게 바꾼다. 빌딩의 성능을 최적화하고,

공간의 안전과 쾌적함을 향상시킨다.

탕으로 150개 이상 국가에서 10만 5,000명의 전문가가 고객 미션의 성공을 위해 최선을 다하고 있다.

이외에도 소프트웨어, 센서, 콘트롤러 등 기본 현장 부품까지 광범위한 제품과 솔루션을 전 세계에 공급한다. 그렇기 때문에 공급한 솔루션의 호환성과 연속성, 신뢰성, 보수의 용이성이 글로벌적으로 보증된다는 장점이 있다.

존슨콘트롤즈는 업계에서 신뢰받는 브랜드를 갖고 있다. 보안, CCTV, 출입 통제에서부터 화재 소화설비를 만드는 타이코(Tyco), 화재 감시 시스템인 심플렉스(Simplex), 냉동공조 분야의 글로벌 브랜드인 요크(YORK)를 비롯한 콜드체인 등에 사용되는 산업용 냉장냉동 설비 브랜드인 프릭(Frick), 사브로(Sabroe), 히타치(Hitachi), 빌딩 자동화 시스템 메타시스(Metasys) 등이다.


## 한국 빌딩의 디지털 전환을 주도할 체제 완비

존슨콘트롤즈는 1995년부터 한국에서 사업을 시작했다. 이때는 연락사무소를 기반으로 빌딩자동제어 시스템과 자재를 국내 유수 대기업에 납품하고 기술을 전달하는 형태의 사업을 했다. 이후 한국에서의 빌딩자동제어 시장의 가능성을 본 존슨콘트롤즈는 1999년에 한국 법인을 설립했다. 존슨콘트롤즈 코리아는 20여 년간 꾸준히 국내 시장에 자동제어 관련 솔루션과 냉동공조설비(HVAC)를 제공해 롯데월드타워와 같은 한국의 상징적인 빌딩을 비롯하여 대규모 공장, 제약회사

GMP(Good Manufacturing Practice) 시설, 대형마트 등 다양한 포트폴리오를 만들어놓았다.

여러 포트폴리오 중에서 특히 제약회사 GMP 시설의 빌딩 관리 시스템(BMS)은 매우 중요한 프로젝트였다. 제약업계 GMP는 21 CFR PART11, ANNEX11 등 까다로운 글로벌 인증 요건을 충족해야 한다. 존슨콘트롤즈 코리아는 글로벌 규정에 맞춰 고객과 협업해 시스템을 납품·설치·시운전·검증했다. 존슨콘트롤즈 코리아를 선택한 여러 국내 제약 기업이 글로벌 제약사와 미국 FDA로부터 규정을 준수한다는 사실을 인정받고 GMP 시설 인증을 획득했다.

2016년 존슨콘트롤즈와 타이코 인터내셔널이 합병했다. 타이코 인터내셔널 코리아((구)동방전자산업)는 한국 소방 분야에서 50년 이상의 역사를 가지고 있는 기업이다. 이로써 존슨콘트롤즈 코리아는 소방 방재 분야의 기술 솔루션을 강화해 빌딩 통합 솔루션을 완성할 수 있었다. 존슨콘트롤즈 코리아 사무실은 서울에 있고, 소방 관련 제품을 만드는 공장은 성남과 부산에 있으며, 대전, 대구, 광주, 여수, 부산에 지점을 두고 있다.

존슨콘트롤즈 코리아는 종합적인 빌딩 관리 솔루션과 제품으로 빌딩산업을 선도한다. 빌딩이 사용하는 에너지를 파악하고 최적의 사용법을 제시하는 빌딩 관리 솔루션, 재실자에게 쾌적한 환경을 제공하는 냉난방공조, 화재 위험을 감지하고 피해를 최소화하는 소방 방재 시스템, 스프링클러 등 화재를 진압하는 소방설비 시스템, 기본적인 영상 보안과 출입 통제를 지원할 뿐만 아니라 빌딩 내 모든 솔루션을 연결해 정해진 SOP(Standard Operating Procedures)에 따라 비상 상황에 대응하도록 하는 통합 재난관제 플랫폼까지 보유하고 있다. 국내 건설사와 긴밀한 파트너십으로 해외 EPC(Engineering, Procurement & Construction, 설계·조달·시공)와 함께 소방 사업도 하고 있다.

롯데월드타워와 같은 대형·고층 빌딩은 물론 CJ R&D 센터, 마곡 LG 사이언스파크, 아파트와 해양 플랜트 등 특수 시설에 이르기까지 다양한 프로젝트를 수행했으며, 주한미군 부대의 에너지성과보증사업 (ESPC·Energy Savings Performance Contracts)으로 미군부대 시설물의 에너지를 효율적으로 개선했다.

2020년 3월에 취임한 하운식 대표이사는 20여 년간 전력 산업에 몸담은 에너지 전문가다. 한국전력공사에서 발전소 운영·보수·건설 등의 업무를 수행하며 경력을 쌓았고, 1994년 제너럴 일렉트릭(GE)으로 자리를 옮겨 미국, 한국, 홍콩, 싱가포르, 중국 등지에서 현장 기술을 감리하고, 식스시그마, 고객 서비스, 영업지원(입찰 및 계약) 분야뿐만 아니라 전략적 고객 지원과 영업 분야에서 리더십 역할을 수행했다. 2013년부터 7년간 GE파워 코리아 사장을 역임했다. 그는 존슨콘트롤즈의 첫인상에 대해 다음과 같이 말했다.

"존슨콘트롤즈에 취임 이후 오픈 프로토콜 기반의 디지털 솔루션인 '오픈블루'(OpenBlue)가 전 세계로 출시되었습니다. 임기 초부터 플랫폼이 바뀌는 변화의 한가운데 선 것에 대해 개인적으로 큰 기회라고 생각합니다. 에너지 분야에서 오랜 기간 경력을 쌓으며, 새로운 기회를 모색해왔습니다. 존슨콘트롤즈는 지속 가능한 스마트빌딩을 구현하는 글로벌 기업입니다. 특히 에너지 분야에서 뛰어난 리더십을 보유하고 있어, 앞으로 더 많은 사업을 창출하리라 기대하고 있습니다."

## 국내기업과 업무 제휴로 세계 시장에 진출 지원

존슨콘트롤즈 코리아는 분야별 최고 기업들과 업무 제휴를 맺고, 국내 시장 영업에 경쟁력을 강화하는 전략을 취했다. 나라마다 관련 법규가 달라서 '글로벌 빌딩 솔루션'이라고 해도 국내 업체와 제휴하지 않고서는 독자적으로 사업하기 어렵다. 존슨콘트롤즈 코리아는 빌딩의 보안과 재난 관리 역량을 강화하기 위해 2019년 8월 스마트메카, 이노시스텍, 하이트론씨스템즈와 전략적 업무협약을 체결했다. 이로써 고객에게 뛰어난 보안과 소방 방재 기술력, 국내 우수 기업의 제품을 결합한 빌딩 재난 보안 솔루션을 빠르게 제공할 수 있게 되었다.

단순한 빌딩 보안을 넘어 재난 상황에 신속히 대처하는 사전·사후 관리를 향한 시장의 요구가 높아지는 가운데, 존슨콘트롤즈 코리아와 파트너 사들은 소방 방재에 특화된 카메라를 개발하는 등 솔루션을 차별화하기 위해 유기적으로 협력한다.

한국의 냉동공조 시장에는 삼성, LG와 같은 대기업과 국내 중견기업 그리고 존슨콘트롤즈 코리아와 같은 외투기업이 있다. 존슨콘트롤즈의 냉동공조 솔루션은 탁월한 효율성과 신뢰를 바탕으로 인정받고 있으며, 특히 안정성이 중요한 산업용 플랜트와 재실자의 만족도를 중요하게 여기는 상업용 대형빌딩에서 스마트빌딩 시스템을 도입하고 있다.

존슨콘트롤즈 코리아는 국내기업의 해외 진출도 지원한다. 타이코와 합병하면서 강화된 소방 부문 경쟁력으로 알제리 복합화력발전소에 화재 경보, 대응 시스템을 공급했으며, 베트남 석유·화학단지에는 PIV(Post Indicator & Valve)를 제공해 안전한 환경을 구현했다. 일본에는 600개 이상 매장을 가진 유명 의류 브랜드의 도난 방지·재고관리·고객행동 분석 결과를 제공하는 리테일 솔루션, 센소매틱(Sensormatic)도 제공했다.

## 다양성을 포용하는 기업 문화

존슨콘트롤즈는 다양성과 포용성을 중요한 기업 가치로 삼는다. 하운식 대표이사는 다양성과 포용성을 내면화한 조직 문화를 만드는 데 힘쓰고 있다.

"다양성과 포용성은 역동적인 조직 문화를 만들기 위한 필수 요소입니다. 존슨콘트롤즈에는 '우먼스 네트워크'(Women's Network)라 불리는 여성 임직원 조직이 있습니다. 2020년 8월에는 '우먼스 네트워크 브레이크아웃 세션'(Women's Network Breakout Session)을 열어 '삶의 균형과 스트레스 관리'를 주제로 직원들과 솔직 담백하게 공유하는 온라인 화상 회의를 했습니다.

건강한 조직 문화를 만들기 위해 젊은 직원들을 중심으로 '조직 건강'(Organizational Health) 전담 테스크포스(TF)도 강화할 예정입니다. 정기적으로 미팅을 해 직원들이 낸 아이디어로 설문조사를 할 계획입니다. 회사가 긍정적인 방향으로 나아가기 위한 방안을 논의하면서 기업 문화를 조금씩 바꾸어나가고 있습니다. 수평적이고 건강한 조직 문화를 만들기 위해 다각적으로 노력하겠습니다."

존슨콘트롤즈가 지향하는 핵심 가치는 다섯 가지다. 윤리성 우선(Integrity First), 목적 중심(Purpose Led), 고객 중심(Customer Driven), 미래 중심(Future Focused), 한 팀(One Team)이다. 하운식 대표는 기본에 충실한 행동과 마음, 고객의 목소리에 경청하는 자세, 뚜렷한 목표 의식, 그리고 미래를 지향하며 하나의 팀으로 함께 일하는 인재들을 기다린다고 덧붙였다.

존슨콘트롤즈에서는 '마이기빙'(MyGiving)이라 불리는 제도를 통해서 전 세계 직원들이 상시적으로 사회공헌활동을 하도록 독려한다. 최근에는 서울숲 공원에서 공원 내 청소와 쓰레기 분리 배출, 벤치 페인트칠, 나무 심기 활동으로 탄소 발자국을 줄이기 위한 활동을 했다.

이뿐만 아니라 순직한 소방공무원의 자녀에게 장학금을 전달하거나 중증 질병으로 오랜 기간 치료가 필요한 어린이 환자와 가족들이 머물 수 있는 공간인 RMHC 하우스에 소방 안전 기기를 후원했다. 이처럼 존슨콘트롤즈 코리아는 더욱 안전한 세상을 만들기 위해 나눔을 실천한다.

## 미래 빌딩의 청사진 오픈블루

빌딩은 움직이지 않는 자산에서 역동적인 자원으로 인식이 변화하고 있다. 존슨콘트롤즈의 오픈블루(OpenBlue) 솔루션은 업계를 선도하는 엔지니어들과 전 세계 과학자가 수년간 연구·개발했다. '스마트하고 지속 가능한 빌딩으로 나아가는 미래를 위한 청사진'을 제시하기 위해 만든 디지털 전환 플랫폼이다. 오픈블루는 존슨콘트롤즈가 지난 135년 동안 쌓아온 빌딩 제어 분야 전문성과 각종 센서와 관련된 설비를 클라우딩으로 연결하고 인공지능과 디지털 기술로 빅데이터를 분석해 머신러닝, 디지털 트윈 등 최첨단 기술로 빌딩을 모니터링할 뿐만 아니라 제어·자동 화재 탐지·화재 진압 시스템·보안 시스템·실내 공기질 개선 시스템 등 빌딩의 모든 설비와 시스템을 통합해 솔루션을 구현하는 오픈 디지털 플랫폼이다.

이 플랫폼을 이용하면 빌딩 시스템을 유기적으로 연결해 빌딩을 효율적으로 관리할 수 있다. 미래 세대가 필요한 환경 요소를 고려하고, 현 세대의 요구를 충족시키기 위해서는 지속 가능한 에너지를 생산하고 관리해야 한다. 오늘날 대형화된 빌딩은 유동 인원이 많아 에너지 소비량이 크지만, 국내에서는 초기 투자비에 대한 부담으로 에너지 절감과 분석, 효율화에 대한 투자에 소극적이었다. 오픈블루는 기존에 분리된 상태로 있던 시스템을 결합해 빌딩의 모든 부분을 연결시켜 더 스마트하고, 효율적이며 지속 가능한 공간으로 탈바꿈시킨다. 오픈블루를 사용하면 다음과 같은 혜택을 얻을 수 있다.

**역동적 유연성 제공**: 오픈블루는 다양한 상황에 대응할 수 있도록 빌딩의 모드를 전환한다. 모드 설정은 빌딩 접근 관리, 공기의 흐름, 엘리베

1~2. 존슨콘트롤즈 코리아 직원들이 서울숲에서 환경 정화 봉사활동을 했다.

이터 작동, 도어락, 조명, 개방형 협업(Open Collaboration), 환경·안전 설정 등을 포함한다.

**코로나19 솔루션 구축:** 존슨콘트롤즈의 제품·기술·서비스를 연결해 고객이 최대한 안전하고 효율적으로 근무할 수 있도록 지원한다. 이러한 서비스는 접촉 추적(Contact Tracing), 사회적 거리두기 모니터링, 열화상 카메라, 공기질 제어, 비접촉 환경, 규정 준수와 리포팅 관리, 에너지 최적화, 진보된 안전 모니터링 등을 포함한다.

**맞춤형 서비스 옵션 제공:** 오픈블루는 인공지능을 기반으로 고객에 맞는 서비스 솔루션을 제공한다. 원격 진단, 예측 가능한 유지보수, 위험성 평가, 규정 준수 모니터링 등 고급 기능을 지원한다.

**보안·솔루션 중심:** 오픈블루는 안전을 핵심에 두고 설계되어 고객이 솔루션으로 안전하게 접근하도록 지원한다. 모든 기능은 보안과 개인정보 프로세스를 위해 강력한 디자인 프로토콜을 적용한다.

**에너지 절감과 실내 공기질 개선:** 냉난방공조 장비와 새로운 데이터와 인공지능을 연결함으로써, 플랫폼 사용자는 전체 냉난방공조 시스템 성능을 최적화해 에너지 비용과 실내 공기 질 파라미터에서 20~60%의 비용 절감 효과를 기대할 수 있다.

오픈블루 플랫폼은 기존의 운영기술(OT·Operational Technology)과 IT 시스템, 디지털 트윈처럼 인공지능 최첨단 기술로 작동하는 클라우드 애플리케이션을 함께 제공한다. 이로써 광범위한 시스템에서 매끄럽게 상호작용하고 통합되도록 돕는다.

## 팬데믹 시대의 새로운 리더십

한국판 뉴딜 정책은 코로나19 이후 경기 회복을 위해 마련된 국가 프로젝트다. 한국판 뉴딜 정책의 골자는 디지털 뉴딜, 그린 뉴딜, 고용·사회 안전망 강화로 친환경과 에너지에 무게 중심을 둬 더 편안하고, 안전하며, 지속 가능한 세상을 만들고자 하는 것이다. 하운식 대표이사는 K-방역의 성공적인 모델을 높게 평가하면서 디지털 전환의 기회로 삼겠다고 말했다.

"정부의 한국판 뉴딜은 코로나19 대유행이 불러일으킨 경제 위기를 극복할 방법을 제시하고 디지털 전환과 포스트 코로나 시대에 대한 한국의 리더십을 보여준다는 점에서 의미가 큽니다."

최근 존슨콘트롤즈는 '오픈블루 헬시 빌딩스'(OpenBlue Healthy Buildings)를 공개했다. 3P(건강한 사람·건강한 공간·건강한 지구, Healthy People·Healthy Place·Healthy Planet)를 목표로 스마트 장비, 디지털 센서, 보안 시스템, 카메라, 모니터링, 감염 경로 통제, 공기 관리 등의 기술을 유기적으로 연결해 코로나19 속에서도 빌딩 재실자와 방문객을 보호하는 솔루션이다. 근무지 복귀, 공간 재구성, 재창조를 위한 솔루션에는 접촉 추적, 사회적 거리두기 모니터링, 열화상 카메라 등 직원 안전 확보를 위한 전 과정을 담고 있다.

또 사업장 내에서 사회적 거리두기가 유지되는지 실시간으로 확인하고 열화상 카메라를 이용해 고열 발생자를 사전에 인지하는 등 접촉자 추적이 가능한 '오픈블루 워크플레이스'(OpenBlue Workplace) 솔루션을 적용함으로써 건강하고 안전한 빌딩을 구축하는 데 기여할 계획이다. 냉난방공조 시스템으로 양질의 실내 공기질을 확보하고, 질병 확산을 예방하기 위해 청정한 바깥 공기, 필터 처리한 공기와 오염되지 않은 공기를 더 많이 재순환시키는 솔루션도 포함된다. 공간과 재실자의 건강이 그 어느 때보다 중요한 요즘, 존슨콘트롤즈 코리아가 이러한 솔루션으로 국내에 건강한 환경을 구현하고 재실자 경험을 향상시키는 데 이바지할 수 있을 것이다.

## 클린 에너지로 에너지 절감 효과를 검증하다

존슨콘트롤즈 코리아는 2019년 11월 주한미군 시설 에너지 복원 솔루션 연구를 위해 한전산업개발과 업무협약을 맺었다. 에너지 공급을 중단하면 군사 시설의 임무 수행에 영향을 주기 때문에 미 국방부는 에너지 복원 기술로 에너지 공급 중단을 대비하고 복구하고자 한다.

에너지 복원은 여분의 전원 공급 장치(발전기), 통합 또는 분산 화석 연료, 대체 또는 재생 에너지 기술, 마이크로그리드 애플리케이션 및 스토리지, 복합·대체 연료 공급, 기존 에너지 발전 시스템과 인프라·장비 업그레이드, 대체·운영·유지 보수, 테스트 등 다양한 방법으로 구현할 수 있다.

존슨콘트롤즈 코리아와 한전산업개발은 현재 험프리스 미국 육군 기지(USAG Humphreys) 태양광 발전 프로젝트를 진행하고 있다. 양사는 한반도 내 미군 시설에서 에너지 복원 요구 사항을 충족하는 다양한 스마트 에너지 솔루션을 개발하기 위한 협력을 지속할 예정이다.

미국 육군기지 외에도 현재 신축 중인 국내 최대 IT 서비스 기업의 신사옥에도 존슨콘트롤즈 솔루션으로 복사열에너지를 활용한 냉난방 제어시스템을 구축하는 데 성공했다. 아울러 국내 유명 대형마트의 전국 매장 통합 재난 관제 플랫폼을 구축해 안전은 물론 미세먼지 농도 데이터와 시스템을 연계한 쾌적한 쇼핑 환경을 조성했다. 대형 반도체 공장 신축 현장에는 스프링클러, 냉동기를 대량 도입했다.

존슨콘트롤즈 코리아는 2019년의 성공을 토대로 CPO(Central Plant Optimization) 솔루션을 국내 빌딩에 순차적으로 도입할 계획이다. CPO는 빌딩의 생애 주기 비용을 절감하는 열원설비 최적화 솔루션이다. 빌딩에서 냉방은 전체 에너지 사용량 중 24.5%, 난방은 22.1%로 가장 많은 부분을 차지한다. 지금껏 냉동기, 냉각탑, 펌프 등 열원설비로 고효율 제품을 사용하는 수준에 그쳤다. 이에 존슨콘트롤즈 코리아는 자사가 보유한 자동제어 부문 글로벌 1위인 메타시스, 냉동기 글로벌 1위 요크를 활용해 시스템 검토부터 장비 선정, 자동화, 측정, 유지보수 등 전 과정을 최적화한 CPO를 선보일 계획이다. 2015년 미국 스탠포드대학교는 CPO를 도입한 결과, 건물 피크부하 17%, 연간 50만 달러가량의 에너지를 절감했다.

존슨콘트롤즈는 2020년에 자사의 자동제어 시스템이 적용된 기존 현장에 CPO를 무상 설치해 에너지 절감 효과를 검증하고 있다. 이를 토대로 신축, 개보수 건물에 CPO 영업을 늘릴 방침이다.

대한민국은 4차 산업혁명, 5G, 인공지능 등의 기술 트렌드에 가장 빨리 움직이고 적용하는 나라다. 그렇기 때문에 한국은 폭발적인 성장을 할 수 있는 기반이 마련되어 있다.

"오픈블루 플랫폼으로 빌딩에서 사용하는 각종 장비와 계측장비 (온도·습도·$CO_2$·미세먼지 등)의 데이터를 클라우드로 연결하고, 인공지능과 빅데이터로 분석해 빌딩을 최적 조건에 맞춰 제어해 에너지를 절감할 수 있습니다. 아울러 고객의 요구를 파악해 표준 솔루션이 필요한 대학교와 중·고등학교 등의 교육 시설, 쇼핑몰, 업무 시설에서도 솔루션을 적용할 수 있도록 시장을 확대할 계획입니다."

오픈블루 솔루션에는 클라우드를 기반으로 한 '디지털 트윈'(Digital Twin) 기술이 적용됐다. 또, 인공지능 기술을 탑재하고 사물인터넷 엣지 디바이스(Edge Device) 등을 통합한 스마트한 미래 플랫폼을 지향한다.

하운식 대표는 존슨콘트롤즈 코리아의 전망에 대해 다음과 같이 말했다. "디지털 트윈은 빌딩 내 자산, 공간, 인력 등의 물리적 개체를 가상공간에 배치함으로써 사전에 구조화한 데이터와 구조화하지 않은 데이터를 미리 확인할 수 있는 최적의 관리 플랫폼입니다. 4차 산업혁명 산업구조 개편으로 그린 뉴딜, 비대면 산업을 본격화함에 따라 오픈블루의 수요가 급증할 것으로 전망됩니다."

# We create technology that makes life better for everyone, everywhere

HP는 전 세계 어디에서나 모든 사람의 삶이 더 나아지도록 하는
기술을 만듭니다.

## HP 프린팅 코리아

HP 프린팅 코리아는 2017년 HP가 삼성전자 프린팅 사업부를 인수해 설립한 법인으로
HP의 기업용 솔루션 글로벌 본부 역할을 한다. HP는 '실리콘밸리 혁신의 상징'으로 손
꼽히는 세계 최고 수준의 IT 선도기업이다. PC, 프린터, 3D 프린터, VR, 소프트웨어 솔
루션 등 다양한 서비스와 제품을 공급하고 있으며, 미국 경제지 〈포춘〉이 선정한 500
대 기업 가운데 55위에 선정된 바 있다.

# 03

# 전략적 인수로 기업용 프린터 솔루션 글로벌 본부가 되다

**A3복사기 시장 공략의 개척자**

HP 프린팅 코리아는 2017년 삼성전자 프린팅 솔루션 사업부를 1조 1,545억 원에 인수해 별도 법인으로 만든 회사다. 프린팅 솔루션 사업부는 HP에 인수되면서 'S프린팅 솔루션'으로 분사했다. 김광석 대표는 S프린팅 솔루션의 개발팀장이었다가 HP 프린팅 솔루션이 설립된후, 2020년 초 대표가 되었다. 김 대표는 서울대 제어계측학과를 나와 1985년 삼성전자에 입사해 지금까지 30여 년간 프린터 개발을 전담한 프린터 전문가다.

김 대표는 HP가 삼성전자 프린팅 솔루션 사업부를 인수한 이유를 투자 관점으로만 볼 수 없다고 말한다. 한국 시장을 향한 투자라기보다 제품 포트폴리오를 확보하기 위한 결정이었다고 설명한다.

"인수·합병 이전에 A3복사기 시장의 1~3위 모두 일본 업체가 차지하고 있었습니다. HP가 이들 업체에 주문자상표부착생산(OEM) 방식으로 제품을 구하려 해도 생산이 쉽지 않았습니다. 시장에 대응하기 위해서는 삼성전자 프린팅 솔루션 사업부가 필요했습니다."

당시 삼성전자는 A3복사기와 레이저 프린터 등 관련 특허를 6,300개나 보유하고 있었다. 삼성전자는 2015년부터 HP의 OEM 제품을 생산했고 함께 개발했는데, 이때부터 속도와 제품의 질을 보고 삼성전자 프린팅 솔루션 사업부를 인수할 가치가 있다고 판단했다고 한다.

## 직원과 현장 중심의 기업 문화를 만들다

HP 프린팅 코리아는 HP의 기업용 프린터 사업을 총괄한다. 본사는 경기도 성남시 판교의 알파돔타워에 있다. 본사 조직은 2018년 가을에 이곳에 입주했고, 연구 조직 일부는 아직 삼성 연구단지에 근무하고 있다. 2022년에 경기도 성남시 수정구 고등동에 R&D센터를 완공할 예정인데, 그때 연구조직이 그곳으로 입주할 예정이다. 김 대표는 "한국이 HP 기업용 프린팅 솔루션 사업의 전략 기지가 될 것"이라고 강조했다.

HP 프린팅 코리아의 첫 출발이 순탄한 것만은 아니었다. 회사를 합병한 후 서로 다른 기업 문화를 통합하는 일이 가장 어려웠다.

"직급 체제도 다르고 기대 심리도 다르고 미래를 위한 투자 방식도 달라서 기업 문화를 통합하기 어려웠습니다. 아직 진행 중입니다."

처음 1년 정도는 기존의 HP 방식을 적용하여 기업 문화를 바꾸려 했다. 그러나 인수 합병의 또 다른 주체인 삼성 출신 직원들은 낯선 방식에 쉽게 적응하지 못했다. 그렇다고 해서 톱다운 방식으로 강요할 수도 없는 노릇이었다. 회사는 문화 통합전문가를 영입했다. 실패를 인정하고 자산으로 삼아 다시 기업 문화를 통합하기 위해 2년 정도 더 투자할 계획이다.

사실 어느 정도 예상한 일이었다. 두 집단은 성장 배경과 구성원 등 모든 면에서 태평양 간격만큼이나 이질적이다. 투자 모델도 다르다. HP는 75%를 주주들에게 배당하고 남은 이익을 인프라와 신기술에 투자한다.

삼성에서 프린팅은 10대 수종 사업이었다. 그만큼 투자도 아끼지 않았다. A3복사기의 한 모델을 개발하는 데 몇 천억 원이 들었다. 모델 개발에 수천억 원을 투자하는 일은 삼성 입장에서 비교적 쉬울 수도 있지만, HP 입장에서는 어려운 일이었다. 확실한 시장이 아니라면 투자받기 어렵기 때문이다.

삼성은 연구·개발 인력에 집중적으로 투자해서 제품을 빨리 완성했다. HP는 그럴 수 없었다. 자금과 인력이 부족해 삼성과 같은 시스템을 만들기 어렵다. 하지만 HP만의 강점이 있다. 시뮬레이션을 많이 함으로써 사업에 실패하는 경우가 아주 적다는 점이다. 이처럼 다른 기업 문화는 통합의 걸림돌로 인식되기도 하지만, 융합의 원천이 되기도 한다. 두 회사의 성공 역량을 잘 결합한다면 시너지 효과를 발휘할 것이다.

두 집단의 직급 체제 또한 다르다. 한국 사회는 시간이 지나면 과장, 부장으로 진급하고 잘하면 임원이 되기도 하지만 미국 기업은 그렇지 않다.

"미국은 일과 생활의 균형을 중시해 진급할지 아닐지 본인이 선택합니다. 직급이 높아질수록 일에 대한 스트레스는 한국이나 미국이나 비슷한데, 직급 하나 올라가면 일의 양이 엄청 차이 납니다. HP에서는 퇴직 계획을 세워놓고 일하지만, 삼성은 회사에서 내보내지 않는 한 본인이 퇴직하는 경우가 드뭅니다. HP에서는 자신의 업무 능력을 스스로 키우지 않는 한 진급할 수 없습니다."

HP는 HP 프린팅 코리아를 설립함으로써 삼성의 특허 기술과 우수한 개발 인력을 확보했다. 그러나 삼성 개발자들은 회사에서 '스스로 일을 찾아서 일해야 하는 문화'가 제일 적응하기 힘들었다고 말한다. 삼성맨들은 그동안 팀 단위로 업무를 주면 일사불란하게 움직였다. 그런데 시스템이 바뀌니 당혹스러워했다는 것이다. 위계 관계가 특징인 조직 문화에서 수평적 리더십을 기본으로 하는 민주적 조직 문화로 바꾸는 일은 매우 어렵다. HP 프린팅 코리아는 꾸준한 대화와 교육으로 가치관과 업무 방식 그리고 조직 문화를 바꾸는 중이다.

HP 프린팅 코리아에서는 서로 직급을 부르지 않고 이름 뒤에 '님'을 넣어 호칭한다. 본사에서 회장이 온다고 해도, 회장이 직접 직원에게 가지 직원을 부르지 않는다고 한다. 삼성에서는 볼 수 없었던 광경이다. 경기도 성남시 판교 알파돔에 있는 본사 사무실에는 대표실이 따로 없다. 대표도 직원들과 똑같이 사무실의 한 자리를 차지할 뿐이다. 직원들이 자신의 의견을 스스럼없이 말하는 분위기를 조성했다. 적극적인 실행과 수평적 리더십, 소통을 가능케 하는 환경을 마련한 것이다.

HP 프린팅 코리아는 현장 직원의 역량 강화를 최우선으로 한다. 직원들은 과업을 중심으로 프로젝트 진행 과정과 경험을 공유한다. 회사는, 직원이 스스로 과업을 찾아 일정을 관리하고 일하는 데 필요한 역량을 개발할 수 있도록 다양한 교육 기회를 제공한다. 직원의 성장이 곧 기업 성장이라는 문화를 함께 만들어가고 있다.


## 판교의 랜드마크를 꿈꾸다

HP 프린팅 코리아가 판교에 신사옥을 지은 이유는 인재 때문이다. 한국에서 IT 인력을 가장 확보하기 쉬운 곳이 판교라고 판단했다. HP 프린팅 코리아는 A3복사기 개발 본부 역할을 할 R&D센터를 짓기 위해 3억 5,000달러를 투자했다. R&D센터가 들어설 부지는 대왕저수지, 성적천, 청계산 자락에 있고 고등 IC를 통해 도시 고속도로로 진입이 편리한 곳이다. 교통이 편리하고 친환경적인 입지 조건이어서 연구원들이 선망하는 직장이 되리라 기대한다.

HP가 한국 지역사회에 진출함으로써 일자리 창출에도 기여했다. "기업용 프린터에는 관련 부품만 1만 2,000개가 들어갑니다. 제품이

견고해야 하고, 설계와 시험기술 등 다양한 분야에서 많은 R&D 인력이 필요합니다. 판교에서는 기업용 프린터 A부터 Z까지 HP 기업 프린터 전반에 걸친 R&D 작업을 진행할 예정입니다."

HP 프린팅 코리아는 지역과 상생하기 위해 적극적으로 활동한다. 지자체와 협력해 지역의 경제 생태계를 조성하는 데 노력을 기울인다. 지자체에서도 이러한 회사의 노력을 반겼다. '신사옥 건립 양해각서(MOU)' 협약에 따라 경기도와 성남시는 사업 시행에 필요한 관련 인·허가 등 행정 지원을 약속했다. 이에 따라 '글로벌 전략 R&D 허브'의 성공적인 구축과 관련 IT산업 발전을 위한 협력이 가능해졌다. '글로벌 전략 R&D 허브'는 기업용 프린팅 솔루션의 글로벌 전략 허브로, 연구·개발 인력 1,000여 명이 근무할 예정이다. 경기도는 글로벌 전략 R&D 허브를 구축한 양질의 일자리 창출 효과와 함께 지역경제가 크게 활성화할 것으로 기대한다.

김 대표는 "HP는 미래 성장 동력 확보 차원에서 인건비가 비싼 미국 서부 지역의 일을 많이 줄이고 그 일을 HP 프린팅 코리아로 많이 옮겨오고 있다"며 "그쪽에서 넘긴 일을 잘 이어받아 최대한 재능 있는 인재를 뽑아서 대응할 것"이라고 설명했다.

지역 상생은 본사가 추구하는 핵심 가치이기도 하다. 본사는 '지역 경제 활성화'와 교육, 자선활동으로 기업의 사회적 책임을 수행하고 있다. 코딩 교육을 했고, 팹랩서울과 함께 메이커 교육을 진행했다. 사회적 약자를 향한 지원도 아끼지 않는다. 성남시 소외계층과 시각장애인을 위해 봉사활동도 활발히 한다. 한국여성과학기술인지원센터

1. 2022년에 완공 예정인 고등 R&D센터 조감도.
2. HP 프린팅 코리아가 판교 알파돔타워 이전을 축하하며 HP의 '기업용 프린팅 전략 허브' 국내 구축을 공식 선포했다. HP 프린팅 코리아는 이를 기념해 2019년 11월 5일 오후 신사옥 개소식을 진행했다.

(WISET)와 함께 여성 이공계 대학생을 매년 선발해서 멘토링 협약식도 맺었다. 기업과 지역 커뮤니티의 상생을 위한 다양한 사회공헌활동은 앞으로도 꾸준히 이어질 예정이다.


## 코로나19 시대, 기회와 성장을 꿈꾸는 HP

HP는 평소 업무를 비대면으로 하기 때문에 팬데믹 상황에서 원활하게 일할 수 있었다. 업무 회의가 있어도 꼭 회의실에 나올 필요가 없다. 집이나 이동 중에도 연결할 수 있는 시스템을 갖추고 있어서 2020년 3월부터 정직원의 70%가 재택근무를 해도 생산성이 떨어지지 않았다. 간혹 직원들이 재택근무 중에 고립감을 호소하기도 해서 랜선 회식을 하는 등 정서적 유대감을 잃지 않기 위해 노력했다. 또한 직원들의 몸과 마음을 챙기는 온라인 교육과 강의를 실시하고 상담도 제공했다.

코로나19에 따른 경제 위기의 파고는 HP 프린팅 코리아도 피해갈 수 없었다. 실적 측면에서 프린팅은 매출이 20% 하락했고, 제조업 중에서도 높은 수준이었던 16%의 이익률도 12%로 떨어졌다. 그러나 다른 경쟁사보다 양호한 편이다. HP는 사업 포트폴리오가 잘 구성되어 있어서 위기를 잘 넘겼다.

오피스 프린팅 매출도 34%나 떨어졌지만, 가정용 프린팅 매출이 20% 정도 늘었다. 일본의 경쟁사들은 대부분 오피스용 프린트 사업만 집중해서 분기별 영업 실적이 마이너스다. HP도 영업 이익과 매출

1. HP는 기업 철학에 따라 80년 넘게 이어온 지역사회와 동반성장하기 위해 자원봉사활동 프로그램을 수행한다.
2. HP는 컴퓨터 공학 꿈나무 양성을 위해 코딩 교육을 시작했다.

이 줄었지만 일본보다는 양호하다. PC사업으로 지렛대 효과를 보았다. 코로나19로 재택근무 하는 비중이 커져서 PC 수요가 늘었기 때문이다.

코로나19는 새로운 기회를 가져다줄 전망이다. 팬데믹이 끝난 이후에도 재택근무 비중은 20~30% 늘어날 것으로 예상된다. 이에 대비해 HP는 '워크 프롬 홈'(Work from Home) 솔루션을 준비 중이다. 집에서 프린팅을 하더라도 회사에서 지불하고, 회사 안에서 프린팅 해야하는 보안 문서도 집에서 프린팅할 수 있는 프로그램을 곧 개시할 계획이다.

HP는 800만~900만 명 정도의 가입자를 보유한 '인스턴트 잉크' 프로그램을 운영하고 있다. 3달러(약 3,000원) 정도만 내면 잉크가 배달되는 등 프린팅의 모든 문제를 해결하는 프로그램이다. 이 프로그램을 설치할 때 보안 요소만 보완한다면 집에서 일하는 환경을 만들 수 있다. 팬데믹이 성장의 기회를 제공한 셈이다. HP는 적극적으로 기회를 활용할 준비가 되어 있다.


## 프린팅 산업의 미래를 주도하다

프린팅은 크게 A3복사기와 A4복사기가 있다. A4는 가정과 소규모 사업자들이 사용하는 소형 복사기이고, A3는 큰 기업의 사무실에서 대여하는 복사다. 원래 HP는 A4복사기만 생산하는 기업이었다. 프린팅 제품과 기술력을 갖추고 있는 HP는 제품 포트폴리오에서 빠진 영역을 찾았다. 그것은 바로 A3복사기였다. 삼성전자 프린팅 솔루션 사업부를 인수함으로써 제품 포트폴리오를 완성했다.

"향후 모바일화가 되더라도 재택근무나 학습·창의적 활동에 프린팅은 필수 솔루션입니다. 프린팅 영역에서 모든 제품과 솔루션, 서비스를 만들 예정입니다."

세계적으로 프린팅은 공급 과잉 시장이다. 프린팅 회사가 12개에서 11개로 줄었다. 현재 11개 기업이 모두 생존하기는 어려운 환경이다. 5년 안에 업체가 절반으로 줄어들 것으로 예상한다.

프린팅의 세계 시장 규모는 200조 원에 달한다. HP는 이런 분위기 속에서 합종연횡해 회사의 규모를 키우고 이윤을 꾸준히 늘려왔다. 가정용 잉크젯 시장 사례를 보면 알 수 있다. 잉크젯 시장은 10년 전만 해도 업체가 일곱 군데였는데, 현재는 HP, 캐논, 앱슨 등 삼 사만 남았다. 그중 HP의 시장점유율이 50% 이상이다. 인수·합병으로 기술 우위를 지키고 있다.

김 대표가 HP 프린팅 코리아의 포부를 밝혔다.

"성남이 글로벌 기업의 R&D 기지가 되었으므로 우리만의 성공 방식을 새롭게 만들어야 합니다."

HP 프린팅 코리아는 연구·개발로 한국과 글로벌 시장에서 프린팅 브랜드로 자리매김할 것이다. 최근에는 연구·개발 중인 기술이 산업부에서 첨단 기술로 인정받기도 했다. 김 대표는 글로벌 비즈니스 전략으로 우수한 한국 인재의 해외 유출을 막고, 글로벌 시장에서 성공하는 모델을 만들어나갈 생각이다.

"HP의 프로세스, 기업 모토, 기업 가치, 합리적으로 일하는 방식 등 배울 게 많습니다. HP 기업 방식과 삼성의 자본이 합쳐지면 엄청난 시너지 효과를 낼 수 있을 것입니다. 글로벌 기업을 경영하는 회사가 한국에 있기 때문에 젊은이들이 해외에 나가지 않고, 한국에서 글로벌 기업 방식을 경험할 수 있습니다."

김 대표는 한국의 젊은이들이 외투기업이 어떻게 돌아가는지 HP 프린팅 코리아에서 경험하길 바란다. 그러기 위해 한국의 우수한 인재들이 성장할 기반을 만들고, 한국 인재의 특장점을 살려 성공하는 조직체로 키워나갈 계획이다. HP 프린팅 코리아는 한국 경제와 경영 구조 선진화에 보탬이 되는 공동체의 일원이 되고자 한다.

# Emerson is where technology and engineering come together to create solutions for the benefit of our customers, driven without compromise for a world in action

에머슨은 기술과 엔지니어링을 결합하여, 타협 없는 실천으로 전 세계 고객의 이익을 위한 솔루션을 창출하는 기업이다.

## 한국 에머슨

1988년 한국에 진출해 산업·상업·주거 시장에서 혁신적인 솔루션을 제공하는 글로벌 기술·엔지니어링 회사다. 한국 에머슨 자동화 솔루션 사업부에는 현재 650명의 직원이 근무하고 있으며, 글로벌 지사와 본사의 방대한 인적, 기술적 자원을 보유하고 있다. 자동화·지속 가능성· 디지털 전환을 달성하기 위한 엔지니어링, 컨설팅, 프로젝트 관리와 유지를 포함한 다양한 기술과 솔루션을 제공하며 상위 25%에 속하는 최상의 퍼포먼스를 달성해 비용을 절감하고 공장 가용성을 개선할 수 있도록 돕는다.

# 04

# 21세기 우리에게 필요한
# 디지털 전환 파트너

**보이지 않을수록 빛나는 존재감**

미국 미주리주 세인트루이스에 본사를 둔 에머슨은 산업·상업·주거시장 고객에게 혁신적인 솔루션을 제공하는 글로벌 기술·엔지니어링 회사다. 일반인에게 다소 생소한 기업이지만 업계 전문가들 사이에서는 믿을 수 있는 솔루션을 제공하는 파트너로 통한다. 에머슨의 사업 분야는 크게 자동화 솔루션과 상업·주거용 솔루션으로 나뉜다. 2020년 에머슨은 168억 달러의 글로벌 매출을 기록했다.

에머슨 자동화 솔루션은 연속 생산, 하이브리드, 개별 공정 제조업체가 생산을 극대화하고 인력과 환경을 보호하는 동시에 에너지와 운영 비용을 최적화하도록 지원한다. 상업·주거용 솔루션은 인간의 안락함과 건강을 보장하고, 식품 품질과 안전을 보호하며 에너지 효율성을 높여 지속 가능한 인프라를 구축할 수 있도록 돕는다.

에머슨의 엔지니어와 혁신가, 문제 해결사들은 더 건강하고, 안전하고, 스마트하고, 지속 가능한 혁신을 추구함으로써 고객이 직면한 가장 복잡한 문제를 해결할 수 있는 경험과 솔루션을 제공한다.

에머슨은 1988년 서울올림픽이 열리던 해 한국 시장에 진출한 이래, 32년간 한국의 경제 성장과 함께 발전해왔다. 1988년 한국의 1인당 GDP는 4,400달러, 수출액은 600억 달러 수준이었다. 2019년에는 1인당 GDP는 3만 2,000달러, 수출액은 5,400억 달러 수준에 이르렀다. 경제 규모가 8~9배 가까이 성장한 셈이다. 한국은 경제 성장과 더불어 임금이 상승해 세계 어느 나라보다 빠르게 공장 자동화를 진행했다.

제조업이 자동화되고, 상업·주거 환경이 안락화되면서 에너지를 효율적으로 운영하는 방법을 연구했다. 전 세계적으로 산업 환경이 디지털화되면서 자동화 솔루션과 상업·주거용 솔루션의 수요가 폭발적으로 늘어났다. 한국 에머슨은 전기전자, 정유, 화학, 조선, 전력, 생명과학 부문을 포함한 다양한 산업 분야에서 4,000개가 넘는 프로젝트로 2,000명 이상의 고객에게 서비스를 제공해왔다. 2020년 기준 650여 명의 직원이 한국 본사인 경기도 죽전을 비롯하여 안성, 군포, 부산, 대산, 여수, 울산에 소재한 영업·엔지니어링·제조·서비스 시설에서 근무한다.

한국은 에머슨의 중요한 시장 중 하나이며, 아시아 지역 성장의 중요한 거점이다. 제조 분야 고객사뿐만 아니라 협력 상대인 엔지니어링 기업이 포진해 있어 전략적으로 매우 중요한 국가다. 에머슨은 한국의 주요 EPC(설계·조달·시공, 종합설계건설사) 기업과 긴밀히 협력하고 있다.

EPC 산업은 한국의 핵심적인 산업 분야로 선박 제조, 정유, 화학, 생명과학, 발전 분야에서 중요한 역할을 맡아왔다. 에머슨은 30년 넘게 한국 기업과 파트너십을 쌓고 고객의 도전 과제와 요구 사항을 해결하면서 동반성장 해왔다. 한국의 고객이 디지털 전환을 하는 데 도움을 주기 위해 디지털 산업 플랜트 시대에 필요한 새로운 기술과 비즈니스 방법을 채택·활용해 인프라를 구축하고 자체 운영 시스템을 갖춰놓았다.

## 디지털 전환 허브를 구축하다

충첸화이 한국 에머슨 대표이사는 2016년에 취임했다. 그는 1992년 에머슨에 엔지니어로 입사해 엔지니어링·영업·마케팅·생산·품질관리·재무·인사 등 다양한 직책과 직무를 두루 경험했다. 한국 에머슨에 대표이사로 취임하기 직전까지 에머슨 글로벌 로즈마운트 애널리티컬 사업부에서 분석기 및 솔루션 부문 부사장으로 근무했다. 그는 한국 에머슨에 부임하면서 시대 변화에 맞게 조직과 인프라를 재구축하는 데 심혈을 기울였다.

2015년 유가가 하락하고 해외 플랜트 프로젝트가 침체되면서 수

경기도 용인시 죽전에 있는 한국 에머슨 신사옥 전경.

한국 에머슨은 2020년 기준 650여 명의 직원이

경기도 죽전과 안성, 군포, 경상남도 부산, 충청남도 대산, 전라남도 여수, 울산에 있는

영업·엔지니어링·제조·서비스 시설에서 근무하고 있다.

출이 어려워지자, 한국 에머슨은 적극적으로 투자해 내수 시장을 넓혔다. 우선, 영업과 서비스를 부산, 대산, 울산, 여수 산업 단지를 중심으로 권역화하고 고객에게 더 나은 서비스를 제공하기 위해 사업부와 사무실을 통합했으며, 경기도 용인시 죽전에 신사옥을 지었다. 둘째, 전통 산업에서 성장 산업(화학·생명과학)으로 사업을 다각화하고 녹색 산업과 연계해 사업 영역을 확장했다. 셋째, 지역사회와 연대를 강화하기 위해 사회공헌활동에 앞장섰다. 넷째, 새로운 인재 채용과 인재 개발 부분에서 양성 평등을 개선하고자 했다.

2,500만 달러를 투입해 2018년 11월에 경기도 용인시 죽전에 새롭게 문을 연 한국 에머슨 본사와 솔루션센터는 한국에서 자동화 솔루션을 수행하는 핵심 허브다. 한국과 아시아·태평양 지역 고객에게 혁신적인 기술과 솔루션을 제공하기 위해 에머슨이 한국을 아시아 성장의 주요 거점으로 삼고 투자하고 있다는 증거다.

국내 최초의 시연 시설인 솔루션센터에서는 자동화 솔루션 고객들이 공장을 운영하고 프로젝트를 수행할 때, 최첨단 디지털 기술을 잘 이해하고 활용할 수 있도록 돕는다. 고객들은 시스템 스테이징(System Staging)과 교육, 서비스 설비가 완비된 이곳에서 가장 효과적인 디지털 기술 활용법을 배우고 새롭게 탈바꿈한 디지털 플랜트의 운영 방식을 체험해볼 수 있다.

솔루션센터는 실제 산업 플랜트와 동일한 환경의 중앙 통제 시스템을 갖추고 있다. 위치 감지와 증강현실, 가상현실과 같은 산업을 선도한 에머슨의 기술을 적용했다. 에머슨 전문가들은 디지털 트윈 기술로 플랜트 공정을 시뮬레이션할 수 있으며, 고객들은 이로써 제조와 산업 과정을 최적화하는 방법을 체험할 수 있다. 이뿐만 아니라 전 세계 곳곳에 위치한 에머슨 솔루션센터나 고객의 생산 현장에 시스템을 연결하여 정보를 교환하거나 원격으로 협업할 수 있다.

솔루션센터는 플랜트웹 디지털 에코시스템(Plantweb™ Digital Ecosystem)을 현실화했다. 플랜트웹은 에머슨의 높은 전문성을 기반으로 최고의 프로세스 관리와 안전 시스템을 결합해 산업 사물 인터넷(IIoT)의 이점을 현실화한다. 퍼베이시브 센싱(Pervasive Sensing) 기술을 비롯한 다양한 예측 분석 소프트웨어 툴과 안전하고 정확한 데이터 인프라 장비에 전문가 서비스까지 제공하면서 포트폴리오가 더욱 다양해졌다. 이를 활용하면 프로세스 초기 계획 단계에서부터 자동화를 도입함으로써 프로젝트 비용을 낮추고 복잡한 설계와 수정을 단순화할 수 있다.

디지털 전환을 선도할 첨단 시설을 갖춘 한국 에머슨은 앞으로도 솔루션센터를 중심으로 고객사 엔지니어의 숙련도와 직무 능력을 높이는 동시에 한국의 EPC 기업들과 협력을 강화할 예정이다.


## 최상의 퍼포먼스를 위한 최고의 파트너

왜 기업은 공장 자동화 솔루션을 도입할까? 이유는 많겠지만 생산공정을 단축하고, 생산능력을 키워 생산 비용을 절감하고, 작업환경을 개선하는 것이 주요 목적일 것이다.

코로나19로 친환경 경영 정책과 디지털 전환이 강화되면서 자동화에 대한 요구는 더 늘어났다. 에너지 효율화와 탈탄소화 추세로 공장의 스마트화, 디지털화는 더욱 중요해졌다. 이 복잡한 요구 사항에 맞춰 기업이 운영 시스템을 바꾸려면 전문가의 도움이 필요하다. 에머슨은 이에 대한 해결책을 제시하는 전문가 집단이다.

에머슨은 기업이 안전·신뢰성·생산·에너지 관리 분야에서 동종 업계 상위 25%에 속하는 최상의 퍼포먼스(Top Quartile Performance)를 달성하도록 돕는 방법을 '운영상의 확실성'(Operational Certainty)이라고 부른다. 이것은 최상의 퍼포먼스 달성을 방해하는 문제를 식별할 수 있도록 설계된 기술·엔지니어링 기반의 접근법으로, 기업들이 운영 비용을 절감하고, 공장 가용성을 개선하며, 주주의 가치를 극대화해 운영상의 어려움을 해결하는 자동화 전략을 세울 수 있도록 돕는다.

운영상의 확실성 적용은 궁극적으로 작업 생산성을 향상시킨다. '자동화'함으로써 외부 요인으로 발생하는 중단을 최소화하고, 운영이 계속되도록 보장하여 에너지 효율성을 높이며, 배출을 제어하는 등 운영의 가시성을 최적화한다. 또한, 기업이 주 52시간 근무제에 맞추어 운영할 수 있도록 지원해 직원의 만족도를 향상시킨다.

고객이 최상의 퍼포먼스를 달성할 수 있도록 도움을 주기 위해, 에머슨은 우선 전문 컨설턴트가 주도하는 '운영상의 확실성 워크숍'을 시행한다. 성능이 저하되는 원인을 정확히 찾아 가장 큰 효과를 볼 수 있는 작업을 우선적으로 진행하고, 이를 달성하기 위한 계획을 세우기 위해서다. 산업 전문 지식, 컨설팅 서비스, 포괄적인 자동화 기술 포트폴리오와 새로운 산업용 사물 인터넷 솔루션으로, 에머슨은 고객이 투자에 따른 가치를 실현하고, 수익을 창출할 수 있도록 지원한다.

또한 에머슨은 자본 건설 프로젝트에서도 고객이 목표에 도달할 수 있도록 돕는 솔루션을 제공한다. 현대적인 프로젝트 관리 전략, 혁신적인 엔지니어링 관행·디지털 기술로 프로젝트를 디지털 방식으로 변환해 최상의 퍼포먼스를 실현하는 혁신적인 접근 방식을 제시한다. 에머슨에서는 이를 '프로젝트 확실성'(Project Certainty)이라고 한다. 산업 기업들은 에머슨의 프로젝트 확실성 프로그램을 통해, 불필요한 비용을 제거하고 복잡성을 줄이며 변경 사항을 수용하여 자본효율성을 개선한다. 이로써 보다 안정적인 프로젝트 일정을 계획할 수 있다.

또한 클라우드 엔지니어링 협업 플랫폼을 기반으로 제공하는 에머슨의 가상 기능을 통해 자본 프로젝트를 진행할 수 있다. 한국 에머슨 팀과 고객은 클라우드 엔지니어링을 활용해 환경과 장소에 영향을 받지 않고 독립적으로 협업할 수 있다. 고객은 가상 플랫폼으로 전 세계의 전문가와 리소스에 접근할 수 있으며, 물리적인 이동 없이도 공장을 인수할 것인지 여부를 시험해볼 수 있다. 가상 공장 승인 테스트는 비용을 절감하고 일정을 단축할 뿐만 아니라 전 세계적으로 감염병이 유행하는 시기에 고객의 현장 운영 중단을 최소화한다. 원격 가상 사무실인 '클라우드 엔지니어링 서비스'로 프로젝트팀 구성원을 전 세계의 전문가와 연결해 완전히 통합된 자동화 시스템으로 계속해서 공장을 운영할 수 있도록 지원한다.

## 탈탄소화 솔루션으로 그린 뉴딜을 이끈다

에머슨은 지속 가능성과 탈탄소화를 위해 '에머슨의 그린화'(Greening of Emerson), '에머슨에 의한 그린화'(Greening by Emerson), '에머슨과 함께하는 그린화'(Greening with Emerson)의 세 가지 접근법을 취한다. 먼저 에머슨의 그린화는 에머슨이 지원하는 전 세계 모든 제조 시설에서 발생하는 온실가스 집약도를 2028년까지 2018년 대비 20% 낮추는 것을 목표로 한다. 이를 위해 에머슨은 에너지 사용을 절감하고, 재생 가능한 에너지를 조달하고 현장에서 재생 가능한 발전 프로젝트를 지원한다.

에머슨에 의한 그린화를 통해 다양한 환경 지속성 솔루션을 활성화해 고객의 탈탄소화를 획기적으로 도울 수 있다. 에머슨은 사업과 고객군의 특성상 다양한 포트폴리오를 통해 글로벌 환경 지속성 개선에 촉매제 역할을 하는 전문성을 갖추고 있다.

대부분의 산업 고객은 지속 가능성과 최상의 퍼포먼스 달성을 중요하게 생각하지만, 에너지와 원료 사용량의 측정 범위나 진행 상황을 제어하는 데 어려움을 겪는다. 이에 에머슨은 고객이 원하는 바를 정확히 정의하고 환경 지속성을 설계해 목표를 실현할 수 있도록 돕는다. 연구에 따르면 최상의 퍼포먼스를 실현한 시설은 에너지 비용이 업계 평균 3분의 1 수준이며, 이산화탄소 배출량은 30% 정도 적어 탈탄소화에 큰 도움이 된다고 한다.

에머슨은 지속 가능한 솔루션으로 효율성을 높이고, 배출물을 줄이며, 자원을 절약해 설정한 목표에 도달할 수 있도록 한다. 에머슨이 제공하는 기술과 솔루션은 수소·바이오 매스·바이오 연료·액화 천연 가스와 같은 청정 연료원과 함께 풍력과 태양 에너지 생산과 유통을 포함하는 녹색 산업과 높은 관련성이 있다. 에머슨은 수십 년 동안 쌓아온 전문 기술로 한국의 청정 연료 인프라 프로젝트에서 좋은 파트너가 될 것이다.

또한 에머슨은 산업 소프트웨어 포트폴리오를 강화하고 있다. 특히 그린 에너지의 스마트 그리드 부분 확장에도 지속적인 노력을 기울이고 있다. 대표 운영 기술 소프트웨어 공급 업체인 '오픈 시스템스 인터내셔널'(Open Systems International, Inc.)을 최근 인수함에 따라 글로벌 전력 산업과 관련된 고객들은 재생 가능한 에너지원을 더욱 원활하게 통합할 수 있으며, 에너지 효율성과 신뢰성 개선을 위한 운영을 혁신하고 디지털화를 위해 업그레이드된 지원을 받을 수 있게 되었다.

에머슨과 함께하는 그린화는 대학과 정부는 물론 업계 포럼과 국제 협회 등 외부 이해관계자의 협업과 참여를 유도하는 것을 뜻한다. 저탄소 시대로의 전환은 전례 없는 수준의 혁신과 투자가 요구되며, 이해관계자 간의 협업이 중요할 수밖에 없다. 한국과 전 세계에 파트너십을 구축하여 모든 고객을 위한 혁신적인 솔루션을 공동으로 개발하는 것이 핵심이다.

에머슨은 혁신적인 솔루션을 개발하기 위해 끊임없이 직원 교육과 기술에 투자하고, 한국과 파트너십을 구축했다. 전사적으로 이미 글로벌 에너지 리더와 정책 입안자들과 탈탄소화의 길을 논의하기 시작했다. 그린 뉴딜 이니셔티브를 실현하기 위해 디지털 기술로 녹색 산업을 재편하는 부분에서 에머슨의 전문성이 도움이 될 것이다.

한국 에머슨은 지역사회 발전에 기여하기 위해 연료 전지 플랜트(Fuel Cell Plant)에 적용할 솔루션을 개발했다. 이 발전소는 전국적으로 재생 가능한 에너지원을 확대하기 위한 기반을 마련할 것이다. 청정 연료 플랜트는 한국 전역에 저탄소 산업을 성장시키는 데 중추적인 역할을 할 것이기 때문이다.

에머슨은 한국 정부의 그린 뉴딜 이니셔티브에서 대부분의 에너지 시스템 영역과 관련된 에머슨의 다양한 녹색 개선안과 녹색 기술력을 바탕으로 적극적인 역할을 할 수 있으리라 기대한다. 에머슨의 전문 지식과 경험은 깨끗하고 안전한 수 처리 시스템을 설정·유지할 수 있도록 지원하며, 에너지 관리의 효율성을 보장할 것이다. 또한 신재생 에너지와 공정한 송전을 지원하고, 청정연료 생태계를 뒷받침해 친환경 이동수단 공급을 확대하고 산업 부문의 탈탄소화에 기여한다. 이 프로젝트의 핵심에는 한국 에머슨이 제공하는 자동화 솔루션이 있다.


## STEM 교육으로 미래에 투자하다

에머슨은 혁신적인 기술과 엔지니어링이 STEM(과학·기술·공학·수학) 교육 지원을 통해 나온다고 믿는다. 에머슨은 다가오는 변화의 속도에 발맞추고 직원들의 미래를 보장하기 위하여 성별과 나이에 관계없이 STEM을 향한 관심을 확대해야 한다고 생각한다. 엔지니어 출신으로 STEM 교육의 중요성을 누구보다 공감하는 충첸화이 대표이사는 한국 에머슨에서 시행하는 STEM 프로그램에 대해 이렇게 말한다.

"2018년 한국에서 'I Love STEM' 프로젝트를 시작했고, 임직원 자녀들을 솔루션센터에 초청해 STEM을 향한 관심을 고취시키고자 다양한 프로그램을 진행했습니다. STEM을 경험할 수 있는 기회를 제공함으로써 아이들이 STEM에 좀 더 친근하고 재미있게 다가갈 수 있기를 바랍니다. 이것이 에머슨의 차세대 STEM 전문가를 육성하는 첫 번째 단계입니다.

특히 2020년 코로나19 때문에 가상으로 진행했던 이벤트가 기억에 남습니다. '창의적인 생각으로 함께 놀아보자'(Play with your own creative thinking)는 주제로 아이들이 새로운 재료를 활용하여 초보자를 위한 로봇제작 키트인 엠봇(M-bot) 등 미래 지향적인 프로토타입을 만드는 프로그램을 진행했습니다. 실험과 팀워크 프로젝트를 수행한 학생들의 열정적인 모습은 어른에게도 동기 부여가 됐습니다."

에머슨은 여성 인재를 개발할 때도 STEM 교육 지원에 주안점을 둔다. STEM 부문과 사내의 여성 잠재력을 극대화하기 위해 '사내 자치 그룹'(Women in STEM)을 운영하고 있다.

Women in STEM 조직은 어린 소녀들이 학창시절부터 직업을 선택하기까지 STEM 분야에 흥미를 느낄 수 있도록 노력한다. 물론 이는 에머슨이 STEM 관련 분야 우수 여성 인재들을 모집하는 기반이며, 에머슨에서 영향력 있는 리더십을 겸비한 여성 비율을 높이는 데 도움이 된다.

또한 Women in STEM은 재능 있는 여성이 근속할 수 있는 환경을 조성하기 위해 경력 개발을 강화하고 업계 동료들과 교류하도록 장려한다. 한국 Women in STEM에서는 정서 지능과 북러닝에 대한 웨비나 등 직원을 위한 교육 프로그램을 준비했으며, 영감을 주는 연사를 초청하거나 에머슨 조직 안팎으로 멘토를 만날 수 있는 기회를 제공한다. 이 프로그램은 직원들 사이에서 호평을 받았으며 광범위한 커뮤니티를 육성하는 데 기여했다.

에머슨에 있어 다양성과 포용성은 중요한 기업 가치다. 회사는 이 가치를 기업 문화로 정착시키기 위해 편견을 타파하는 교육을 진행해 다양성을 인지하도록 도왔으며, 여성 인재들의 근속과 성장을 위해 유연 근무제를 도입하는 등 사내 제도를 지속해서 발전시키고 있다.

한국 에머슨은 2020년 10월, 여성가족부와 함께 여성 인재 육성을 위한 성별 균형 포용 성장 파트너십 자율 협약을 체결했다. 한국 에머슨이 2023년까지 여성 임원과 관리자 비율을 7% 이상 늘린다는 내용이다.

한국 에머슨은 2019년 여성가족부로부터 가족친화기업 인증을 받았고 2020년에는 가족친화 우수기업으로 선정되어 장관상을 수상했다. 또한 고용 평등 개선과 일, 생활 균형 문화 정착에 기여한 공로를 인정받아 고용노동부 주관 2020 고용평등 공헌 포상에서 한국 에머슨 인사노무 관리자가 산업 포장을 수상했다.

에머슨은 또한 자사나 STEM 분야에서 경력을 쌓고자 하는 학생을 위해 취업 박람회에 참여한다. 최근에는 KOPIA(한국 플랜트 산업 협회) 학생들을 위한 현장 방문도 진행했다. 코트라를 통해 지자체와 대

1. 여성 인재를 개발하고 육성하기 위해 '여성 직원을 지원하는 사내 자치 그룹'(Women in STEM)을 운영하고 있다.
2. STEM을 경험하는 기회를 제공함으로써 아이들이 좀 더 친근하게 STEM에 다가갈 수 있기를 바란다.

학생들에게 솔루션센터의 디지털 전환에 대한 교육을 하고, 사이버 보안 컨설팅에 대해 정부 기관과 협력한다.

## 팬데믹 위기를 기회로, 코로나19 극복 위해 힘쓰다

한국은 코로나19를 성공적으로 관리하면서 K-방역에서 모범 사례를 만들었다. 사회·경제·산업에서 직면한 위기에 대처하는 국제적인 리더십을 보여주었다. 에머슨은 팬데믹에서 전 세계 8만 명 이상의 직원을 보호하기 위해 민첩하게 대응했다.

한국 에머슨은 코로나 대응팀을 만들고 실내 예방 대책을 강화했다. 사옥에 자동 열화상 카메라와 얼굴 인식 체온계를 설치하고 직원들에게 마스크와 손 소독제를 제공했다. 엄격하게 위생을 관리하고, 사회적 거리두기를 시행했다. 한국의 상황 변동에 따라 3월 초부터 사무실에서 근무하는 직원들의 재택근무를 시행하고 있으며, 현장 안전 체크 목록과 검역 추적 보고서로 효율성과 생산성을 관리하여 고객서비스에 미치는 영향을 최소화했다.

동시에 초음파 장비를 사용하여 외과용 안면 마스크, 안면 보호대, 일회용 위생 가운과 여과재(Filter media)를 제작해 의료 종사자에게 중요한 개인 보호 장비를 가능한 한 빨리 제공하기 위해 노력했다. 에머슨의 콜드체인기술은 개발부터 의료 시설 배포까지 코로나19 테스트 키트의 온도와 습도를 모니터링한다.

코로나19로 마스크 수급이 부족했을 때는 산업부 차관이 에머슨

한국 에머슨 직원들이 겨울에 연탄 나눔 봉사활동을 하고 있다.

의 군포 공장을 방문해 기기 수급을 독려한 바 있으며, 의료 종사자를 보호하는 N95 마스크 제조에 중요한 초음파 용접 장비용 인쇄 회로 기판의 생산을 가속화하기 위해 주요 시설의 생산능력을 확대했다.

에머슨의 고급 압축기와 제어 기술은 중요한 약물을 보호하기 위해 정확한 온도·습도·여과 요구 사항을 유지해야 하는 응급의료 시설과 검사 현장에서 온도를 조절한다. 에머슨의 선도적인 밸브 기술은 인공호흡기와 산소요법장치를 포함해 다양한 방식으로 사용되어 고위험군과 회복기에 접한 환자에게 유용하다.

에머슨의 생명과학 자동화 전문가들은 코로나19 백신과 치료법을 개발하기 위해 경쟁하는 생명공학과 제약 제조업체와 긴밀히 협력하고 있다. 제조업체는 전자 배치 기록을 실시간 모델링하고, 스케줄을 잡기 위해 에머슨의 분산제어시스템 기술로 임상시험 재료를 신속하게 생산하고 생산 규모를 쉽게 확대하여 전 세계 환자의 요구를 충족시킬 수 있다.

생명과학 제조업체는 성능을 향상시키고, 운영 비용을 절감하며, 규제 요구 사항을 준수해야 하는 등 까다로운 요구 조건을 맞춰야 하는 문제에 직면했다. 하지만 에머슨은 생산 관리 시스템(MES) 솔루션으로 제조 운영의 중심에서 작업 현장 직원, 장비 자동화, 물류, 판매와 계획을 연결하는 중요한 역할을 수행하고 있다.


## 디지털 전환을 지원하는 최적의 파트너

한국은 기술적으로 매우 진보한 국가이며, 세계 최초로 5G 모바일 네트워크를 구축했다. 따라서 국내 시장과 그 밖의 산업 전반에 걸쳐 디지털 전환을 주도하는 데 있어 핵심적인 역할을 하고 있다.

기술 발전으로 새로운 시대가 온 지금, 자동화는 그 어느 때보다 중요한 주제다. 디지털 전환은 기존의 틀에서 나아가 팬데믹에 맞서기 위한 필수 요소가 되었다. 이제 기업들은 올바른 전문가에게 정확한 정보를 제공함으로써 의사결정을 해야 하며, 속도와 정확성을 확보해야 한다. 산업 사물 인터넷으로 기업들은 그 어느 때보다 기술과 전문 지식을 활용한 디지털 전환에 가까워졌지만, 이는 오직 올바른 기술 전략이 비즈니스 목표에 부합할 때만 가능하다. 산업 사물 인터넷은 성과 측면에서 단계적인 변화를 이끌어낼 수 있지만, 많은 기업은 아직 이에 대한 명확한 방법을 찾지 못하고 있다. 대부분의 기업은 성공을 향한 명확한 로드맵과 비전을 세우지 못한 상태다.

한국 에머슨은 플랜트웹 디지털 에코시스템(Plantweb™ Digital Ecosystem)으로 이 어려운 여정을 지원하는 최적의 파트너가 될 것이다. 플랜트웹 디지털 에코시스템은 기업들이 디지털 전환을 실현할 수 있는 현실적인 로드맵을 제시해 주요 분야에 집중할 수 있게 한다.

플랜트웹 디지털 에코시스템은 5G 시대에 디지털 전환을 달성할 수 있는 적절한 솔루션을 고객에게 제공하기 위한 핵심 요소다. 플랜트웹 디지털 에코시스템은 상호 운용 기술과 소프트웨어·서비스의 포트폴리오로서 한국 에머슨의 높은 전문성을 기반으로 프로세스를 관리하고 안전한 시스템을 결합해 고객이 생산·신뢰성·안전·에너지 관리 측면에서 문제를 눈에 띄게 개선할 수 있도록 돕는다.

포트폴리오에는 스마트 센서와 측정 장치, 업계에서 가장 포괄적인 운영 분석 서비스, 컨설팅과 원격 모니터링 서비스 등을 포함한다. 에머슨의 향상된 포트폴리오에는 머신러닝과 인공지능이 포함되는데 기존 분석으로는 얻을 수 없었던 새로운 관점을 제시하고 비즈니스 성과에 영향을 미치는 통찰력을 제공한다.

최근 LG유플러스와 함께 출시한 더블유박스(W-Box)는 5G 네트워크의 특별한 기능인 초연결로 어떻게 디지털 전환의 이점을 극대화하는지 잘 보여주는 사례다. W-Box는 첨단 무선 센서와 연동해 5G를 이용해 실시간 전송되는 정보를 수집하여 실외·지하·높고 위험한 지역에서 스마트 플랜트를 쉽게 구현할 수 있다. 전력 공급에 필요한 추가 비용이 발생하지 않기 때문에 W-Box는 스마트 플랜트 구축 시 직면하는 어려움을 없애는 데 도움이 될 것이다.

충첸화이 대표이사는 디지털 전환에 대해 이렇게 설명했다.

"에머슨이 제공하는 솔루션은 모든 산업에서 유사한 형태로 전환을 가속화할 것입니다. 한국 에머슨은 고객이 디지털 혁신의 힘을 활용할 수 있도록 하는 '산업 자동화·소프트웨어' 제공 업체로서 앞으로 우리가 추구하는 비즈니스 기회가 극대화되리라 믿습니다. 2019년에는 고객이 최상의 퍼포먼스를 달성할 수 있도록 헌신적으로 지원하기 위해 새로운 디지털 전환 조직을 출범시켰습니다. 이 조직에는 업계 최고의 인재들이 모여 있습니다. 이로써 한국 에머슨은 제조업체가 컨설팅·프로젝트 실행·스마트 센서 기술·데이터 관리와 분석에 대한 기존의 전문 지식을 결합해 명확한 비전을 수립하는 데 도움이 되고자 합니다. 한국 에머슨은 앞으로도 한국 시장에서 인적 자원과 첨단 기술에 대한 투자를 아끼지 않을 것입니다."

글로벌 기업의 한국 시장 투자 성공기
# 포커스 on 코리아

신승훈, 이진영

ⓒKOTRA, 2021

초판 1쇄 2021년 2월 24일 발행

ISBN 979-11-5706-224-9 (03320)

만든 사람들

| | |
|---|---|
| 책임편집 | 배소라 |
| 편집도움 | 오현미 |
| 디자인 | 이미경 |
| 마케팅 | 김성현, 김규리 |
| 인쇄 | 천광인쇄사 |

| | |
|---|---|
| 펴낸이 | 김현종 |
| 펴낸곳 | ㈜메디치미디어 |
| 경영지원 | 전선정 김유라 |
| 등록일 | 2008년 8월 20일 제300-2008-76호 |
| 주소 | 서울시 종로구 사직로9길 22 2층 |
| 전화 | 02-735-3308 |
| 팩스 | 02-735-3309 |
| 이메일 | medici@medicimedia.co.kr |
| 페이스북 | facebook.com/medicimedia |
| 인스타그램 | @medicimedia |
| 홈페이지 | www.medicimedia.co.kr |